香港文庫
新古今香港系列

A Look into
Hong Kong
Identity Card
(2nd edition)

第二版

新古今香港系列

香港身份證透視

鄭宏泰　黃紹倫——

著

總

序

香港，作為中國南部海濱一個重要的海港城市，有著特殊的社會經歷和文化特質。它既是中華文化值得驕傲的部分，又是具有強烈個性的部分。尤其在近現代時期，由於處於中西文化交匯的前沿地帶，因而還擁有融匯中西的大時代特徵。回顧和整理香港歷史文化積累的成果，遠遠超出整理一般地域文化歷史的意義。從宏觀的角度看，它在特定的時空範疇展現了中華文化承傳、包容的強大生命力，從而也反映了世界近代文化發展的複雜性和多面性。

梁啟超在《中國歷史研究法》中對有系統地收集史料和研究成果的重要性，曾作這樣的論述：

> 大抵史料之為物，往往有單舉一事，覺其無足輕重；及彙集同類之若干事比而觀之，則一時代之狀況可以跳活表現。比如治庭院者，孤植草花一本，無足觀也；若集千萬本，蒔已成畦，則絢爛炫目矣。[1]

近三十年來香港歷史文化研究，已有長足的進步，而對香港社會歷史文化的認識，到了一個全面、深入認識、整理和繼續探索的階段，因而《香港文庫》可視為時代呼喚的產物。

1　梁啟超：《中國歷史研究法》〔香港：三聯書店（香港）有限公司，2000〕，69頁。

　　曾經在一段時間內，有些人把香港的歷史發展過程概括為從"小漁村到大都會"，即把香港的歷史過程，僅僅定格在近現代史的範疇。不知為甚麼這句話慢慢成了不少人的慣用語，以致影響到人們對香港歷史整體的認識，故確有必要作一些澄清。

　　從目前考古掌握的資料來看，香港地區的有人類活動歷史起碼可以上溯到新石器中期和晚期，是屬於環珠江口的大灣文化系統的一部分。由此我們可以清楚地看到，香港的地理位置從遠古時期開始，就決定了它與中國內地不可分割的歷史關係。它一方面與鄰近的珠江三角洲人群的文化互動交流，同時與長江流域一帶的良渚文化有著淵源的關係。到了青銅器時代，中原地區的商殷文化，透過粵東地區的浮濱文化的傳遞，已經來到香港。[2]

　　還有一點不可忽視的是，香港位於中國東南沿海，處於東亞古代海上走廊的中段，所以它有著深遠的古代人口流動和文化交流的歷史痕跡。古代的這種歷史留痕，正好解釋它為甚麼在近現代能迅速崛起所具備的自然因素。天然的優良港口在人類歷史的"大

2　參看香港古物古蹟辦事處：〈香港近年的考古發現與研究〉，載《考古》第 6 期（2007），3–7 頁。

航海時代"被發掘和利用，是順理成章的事，而它的地理位置和深厚的歷史文化根源，正是香港必然回歸祖國的天命。

香港實際在秦代已正式納入中國版圖。而在秦漢之際所建立的南越國，為後來被稱為"嶺南"的地區奠定了重要的政治、經濟和文化基礎。[3] 香港當時不是區域政治文化中心，還沒有展示它的魅力，但是身處中國南方的發展時期，大區域的環境無疑為它鋪墊了一種潛在的發展力量。我們應該看到，當漢代，廣東的重要對外港口從徐聞、合浦轉到廣州港以後，從廣州出海西行到南印度"黃支"的海路，途經現在香港地區的海域。香港九龍漢墓的發現可以充分證實，香港地區當時已經成為南方人口流動、散播的區域之一了。[4] 所以研究中國古代海上絲綢之路，不應該完全忘卻對香港古代史的研究。

到了唐宋時期，廣東地區的嶺南文化格局已經形成。中國人口和政治重心的南移、珠江三角洲地區進入"土地生長期"等因素都為香港人口流動的加速帶來新動力。所以從宋、元、明開始，內地遷移來香港地區生活的人口漸次增加，現在部分香港原住民就

3　參看張榮方、黃淼章：《南越國史》（廣州：廣東人民出版社，1995）。

4　參看區家發：〈香港考古成果及其啟示〉，載王賡武主編：《香港史新編》（增訂版）〔香港：三聯書店（香港）有限公司，2017〕，3-42 頁。

是這段歷史時期遷來的。[5] 香港作為一個地區，應該包括港島、九龍半島和新界三個部分，所以到十九世紀四十年代，香港絕對不能說“只是一條漁村”。

我們在回顧香港歷史的時候，常常責難晚清政府無能，把香港割讓給英國，但是即使是那樣，清朝在《南京條約》簽訂以後，還是在九龍尖沙咀建立了兩座砲台，後來又以九龍寨城為中心，加強捍衛南九龍一帶的土地。[6] 這一切說明清王朝，特別是一些盡忠職守的將領一直沒有忘記自己國家的土地和百姓，而到了今天，我們卻沒有意識到說香港當英國人來到的時候只是“一條漁村”，這種說法從史實的角度看是片面的，而這種謬誤對年輕一代會造成歸屬感的錯覺，很容易被引申為十九世紀中期以後，英國人來了，香港才開始它的歷史，以致完整的歷史演變過程被隱去了部分。所以從某種意義上看，懂得古代香港的歷史是為了懂得自己社會和文化的根，懂得今天香港回歸祖國的歷史必然。因此，致力於香港在十九世紀中葉以前歷史的研究和整理，是我們《香港文庫》特別重視的一大宗旨。

5　參看霍啟昌：〈十九世紀中葉以前的香港〉，載《香港史新編》（增訂版），43–66頁。

6　其實我們如果細心觀察九龍城在第一次鴉片戰爭以後形成的過程，便可以看到清王朝對香港地區土地力圖保護的態度，而後來南九龍的土地在第二次鴉片戰爭中失去，主要是因為軍事力量對比過於懸殊。

總序

（二）

　　曲折和特別的近現代社會進程賦予這個地區的歷史以豐富內涵，所以香港研究是一個範圍頗為複雜的地域研究。為此，本文庫明確以香港人文社會科學為範疇，以歷史文化研究資料、文獻和成果作為文庫的重心。具體來說，它以收集歷史和當代各類人文社會科學方面的作品和有關文獻資料為己任，目的是為了使社會大眾能全面認識香港文化發展的歷程而建立的一個帶知識性、資料性和研究性的文獻平台，充分發揮社會現存有關香港人文社會科學方面資料和成果的作用，承前啟後，以史為鑒。在為人類的文明積累文化成果的同時，也為香港社會的向前邁進盡一份力。

　　我們希望《香港文庫》能為讀者提供香港歷史文化發展各個時期、各種層面的狀況和視野，而每一種作品或資料都安排有具體、清晰的資料或內容介紹和分析，以序言的形式出現，表現編者的選編角度和評述，供讀者參考。從整個文庫來看，它將會呈現香港歷史文化發展的宏觀脈絡和線索，而從具體一個作品來看，又是一個個案、專題的資料集合或微觀的觀察和分析，為大眾深入了解香港歷史文化提供線索或背景資料。

　　從歷史的宏觀來看，每一個區域的歷史文化都有時代的差異，不同的歷史時期會呈現出不同的狀況，歷史的進程有快有慢，有起有伏；從歷史的微觀來看，不同層面的歷史文化的發展和變化會存在不平衡的狀態，不同文化層次存在著互動，這就決定了文庫在選題上有時代和不同層面方面的差異。我們的原則是實事求是，不求不同時代和不同層面上數量的刻板均衡，所以本文庫並非面面俱到，但求重點突出。

在結構上，我們把《香港文庫》分為三個系列：

1、"香港文庫·新古今香港系列"。這是在原三聯書店（香港）出版有限公司於 1988 年開始出版的"古今香港系列"基礎上編纂的一套香港社會歷史文化系列。以在香港歷史中產生過一定影響的人、事、物和事件為主，以通俗易懂的敘述方式，配合珍貴的歷史圖片，呈現出香港歷史與文化的各個側面。此系列屬於普及類型作品，但絕不放棄忠於史實、言必有據的嚴謹要求。作品可適當運用注解，但一般不作詳細考證、書後附有參考書目，以供讀者進一步閱讀參考，故與一般掌故性作品以鋪排故事敘述形式為主亦有區別。

"香港文庫·新古今香港系列"部分作品來自原"古今香港系列"。凡此類作品，應對原作品作認真的審讀，特別是對所徵引的資料部分，應認真查對、核實，亦可對原作品的內容作必要的增訂或說明，使其更為完整。若需作大量修改者，則應以重新撰寫方式處理。

本系列的讀者定位為有高中至大專水平以上的讀者，故要求可讀性與學術性相結合。以文字為主，配有圖片，數量按題材需要而定，一般不超過 30 幅。每種字數在 10 到 15 萬字之間。文中可有少量注解，但不作考證或辯論性的注釋。本系列既非純掌故歷史叢書，又非時論或純學術著作，內容以保留香港地域歷史文化為主旨。歡迎提出新的理論性見解，但不宜佔作品過大篇幅。希望此系列成為一套有保留價值的香港歷史文化叢書，成為廣大青少年讀者和地方史教育的重要參考資料。

2、"香港文庫・研究資料叢刊"。這是一套有關香港歷史文化研究的資料叢書，出版目的在於有計劃地保留一批具研究香港歷史文化價值的重要資料。它主要包括歷史文獻、地方文獻（地方誌、譜牒、日記、書信等）、歷史檔案、碑刻、口述歷史、調查報告、歷史地圖及圖像以及具特別參考價值的經典性歷史文化研究作品等。出版的讀者對象主要是大、中學生與教師，學術研究者、研究機構和圖書館。

本叢刊出版強調以原文的語種出版，特別是原始資料之文本；亦可出版中外對照之版本，以方便不同讀者需要。而屬經過整理、分析而撰寫的作品，雖然不是第一手資料，但隨時代過去，那些經過反復證明甚具資料價值者，亦可列入此類；翻譯作品，亦屬同類。

每種作品應有序言或體例說明其資料來源、編纂體例及其研究價值。編纂者可在原著中加注釋、說明或按語，但均不宜太多、太長，所有資料應注明出處。

本叢刊對作品版本的要求較高，應以學術研究常規格式為規範。

作為一個國際都會，香港在研究資料的整理方面有一定的基礎，但從當代資料學的高要求來說，仍需努力，希望叢刊的出版能在這方面作出貢獻。

3、"香港文庫·學術專題研究"。香港地區的特殊地理位置和經歷，決定了這部分內容的重要。無論在古代作為中國南部邊陲地帶與鄰近地區的接觸和交往，還是在大航海時代與西方殖民勢力的關係，以至今天實行的"一國兩制"，都有不少是值得深入研究的課題。人們常用"破解"一詞去形容自然科學方面獲得新知的過程，其實在人文社會科學方面也是如此。人類社會發展過程的地區差異和時代變遷，都需要不斷的深入研究和探討，才能比較準確認識它的過去，如何承傳和轉變至今天，又如何發展到明天。而學術研究正是從較深層次去探索社會，探索人與自然的關係，把人們的認識提高到理性的階段。所以，圍繞香港問題的學術研究，就是認識香港的理性表現，它的成果無疑會成為香港文化積累和水平的象徵。

由於香港無論在古代和近現代都處在不同民族和不同地區人口的交匯點，東西不同的理論、價值觀和

序

本書作者之一的鄭宏泰憶起當年剛滿 18 歲時，到灣仔入境處大樓換取成人身份證的遭遇。當他拿取了成人身份證後一步出大樓門口時，便有擺賣證件皮套的小販，向他推銷身份證透明膠片證件外套，說皮套能夠保護身份證，減少破損。當時小販一句精警的句子，到現在仍言猶在耳："身份證這麼重要，代表你的身份，怎可以不好好保護呢？買一個證件套吧。"

　　後來，當他為年邁老鄰居填寫申請老人院宿位的表格，老人家拿了一張過了膠的，還裁剪得和原身份證一樣大小的影印本身份證給他，他問這位婆婆為什麼不是正本時，她回答說是："我怕遺失正本，一直把它放在家中的保管箱內，平時我是只拿着影印本的。"那時真有點哭笑不得。這位婆婆雖然為了保護身份證，用心良苦，但她的做法，卻不經意地觸犯了香港法例。

　　還有一次他到深圳購書，一時大意給人偷了錢包，除了財物損失外，連身份證也沒有了。當入境通過香港海關時，由於沒有身份證，在羅湖海關呆等接近 4 小時，以待海關職員核實身份。在百無聊賴時，向坐在身旁一位 "同病相憐" 的大叔訴苦水，抱怨香港海關核查身份證的時間，竟然要這麼久，實在太欠效率了，但這位大叔卻這樣說："我們已算幸運了，如果遺失的是回鄉證，可大件事了，不但要到當地的公安局報案，等候核實資料和身份，手續更加繁複呢！"

一時間，他答不出話來。

　　自懂事開始，無論是家人、朋友或政府有關部門，均不約而同地指出身份證是每個香港人的重要文件，既要隨身攜帶，更要好好保管，以免遺失或破損。若然真的遺失了，要補領的手續，則是十分惱人的。從那時起，"身份證是十分重要的概念"，便已植入心中。

　　在研究香港本土文化、社會結構與華人身份認同時，我們發現身份證的簽發背景和過程，均十分特殊。最先推出身份證制度的，原來是在日佔時期；是軍法統治下，日本人為了控制居民生活而推行的重要政策之一。香港重光不久，港英政府重推日佔時期的"住民證"政策，名為"統籌居民衣食所需"，實則是師法日佔時期，收緊社會活動空間，監控市民的流動和遷移，以防範聲勢日盛的"共產中國"，會隨時收回香港的威脅。

　　至於身份證制度的影響，同樣是巨大而深遠的。首先，身份證制度與香港政府的移民及人口政策，有直接關係。20 世紀 70 年代前，港英政府一直視移民人口為臨時居民，雖然給予他們簽發身份證，但並不表示他們在香港享有永久居留權利。1972 年起給予連續居港滿 7 年或以上的移民以永久居民身份（證）的政策，則改變了接近 130 年的港英政府的移民及人口政策。其次，身份證制度也影響了香港華人的身份認同問題。持有香港永久居民身份證的華人，到底是認同中國人多些還是香港人多些呢？還有，身份證制度與公民意識、選舉活動等的相互影響，表面上看並不直接，但深入一點看卻有千絲萬縷的關係，這也是值得深思的問題。

時至今日，身份證已演變成香港人生活的一部份。按香港法例規定，年滿15歲以上市民，必須隨身攜帶身份證。除此以外，身份證的應用也十分廣泛，無論是外出旅遊、訪友、工作、貿易、娛樂、購物等等，很多時均會使用。身份證已是每個香港居民"形影不離、相伴一生"的東西，若果沒有身份證，真的"寸步難行"了。

身份證的應用這麼廣泛、發展這麼傳奇、影響這麼深遠，但坊間的論述卻鮮有觸及，由是之故，我們便着手寫作此書，希望填補這段歷史的空白。本書在資料搜集上，得到香港特區政府入境處的勞永光先生的協助，至於草擬以至多次修改上，則得到李潔萍小姐的幫忙，使這項研究得以順利完成，在此，我們致以衷心謝意。其次在討論有關港英政府刻意推出本土化的政策上，冼玉儀博士曾經給我們提出了一些寶貴意見，使本書的理論更加紮實，我們也衷心感謝。此外，本書的插圖承蒙吳志華先生、李潔媚小姐、唐卓敏先生、卓逸凡先生，以及入境處的譚浩文先生、香港大學圖書館、香港中旅（集團）有限公司等提供協

4

助，藉此一一致謝。最後，有關此次研究經費上，得到香港大學亞洲研究中心香港文化與社會研究項目的資助，也是應該致以謝忱的。

序

第二版序

前不久，某齣電視劇有一句"人生有多少個十年？"的流行"潮語"，曾令不少市民大有感觸。十年，在歷史長河而言無疑只如白駒過隙，剎那而已，但對人生而言，確實不可謂短，不可不珍視。

大概十年前，我們出版了《香港身份證透視》一書，從歷史角度檢視香港身份證簽發及身份證制度的發展歷史，因那時香港剛開始更換具新科技象徵的智能身份證，進而從主觀和客觀、"自我"和"他者"的不同角度，分析香港人身份認同的變遷。

轉眼間，十年已過，當年被視為高科技結晶的"智能身份證"（可視為"第一代智能身份證"），現在已屬"過時"的東西，"未能跟上時代步伐了"，所以香港特別行政區政府在 2015 年提出更換計劃，推出"第二代智能身份證"，該建議經歷連串程序後於在 2018 年底付之行動。屆時，全港市民又要開始新一輪更換新身份證行動了。與過往不同的是，新一輪更換行動可以接受網上預約，這種安排顯然較過去"大排長龍"的日子方便得多。

相對於第一代智能身份證，快將推出的第二代智能身份證具有更多防偽特徵，並會運用新科技和新物料以提升證件的耐用性、數據存量等，為迎接大數據時代作更好準備與配合。另一方面，自推出第一代智能身份證至今，社會已有巨大變遷，有關身份證的法例亦有不少變革。為此，在這個更新版本中，我們

們得出三點較為重要的發現：（一）身份證制度與社會發展之關係是相互結合的；（二）身份證制度見證了香港人口政策的變遷；（三）身份證制度直接喚起了居民的身份認同問題。以下我們不妨深入一點闡釋。

社會變遷與制度調整

社會是由無數個體組成的，個體與個體之間的相處，不一定是協調和諧的。在很多時候，因為個人利益、好惡、信念等各有不同，個體與個體之間便會產生矛盾和衝突。為了保障每個個體的權利免被侵犯，社會成員之間便會定出各種各樣的"遊戲規則"（rules of game），約束大家的行為，這些規則，便是社會制度和社會規限了。換言之，訂立制度的目的，是為了保障個人，免受別人（機構）所壓逼或侵犯；或約束個別個體（機構），侵犯別人，而非拿制度箝制個體，使之淪為侵犯他人的工具。

與此同時，社會並非靜止不動的，恰恰相反，它是不斷更新，不斷轉變的，傳統封閉的社會轉變較慢；開放現代的社會則瞬息萬變，但無論如何，它們均生生不息，興替有序。當時代前進，社會改變，支持它的價值、規限和制度，也會隨之而變。因此，沒有一種制度是恆久不變的，制度的發展應該緊跟時代。當社會出現轉變，制度也應同時改變，否則"便民之政"也可以淪為擾民惡法，受到人民的唾罵。當然亦有一些政策原初是因擾民而受人民的反對，但日子一久，社會環境漸有改變，加上適量修改，人民也習以為常。舉例說，港英政府最初推出身份證制度時，要求市民在證件上蓋上手指模，因擾民而飽受抨擊，但港英政府卻堅持有此需要而強令執行。這項規定，在講求人權的今天，肯定不適當了。又例如港英政府在 1980 年強令市民必須隨身攜帶身份證時，市民因不習慣而觸犯法例的，多不勝數，後經政府三令五申要嚴格推行，現在市民已習以為常，人人均是 "證不離身" 了。

換言之，制度也跟社會一樣，需要切合時代需要，經常作出變更和調整。至於歷史，則是這些變動過程的記錄，研究歷史就如翻查過往社會發展的歷程一樣，可以讓我們更加明白過去，分清黑白。從研究香港社會和身份證制度的發展過程中，我們發現身份證制度的沿革，正好可以反映出政權輪替、社會變遷和制度沿革之間，是互相配合和互為調適的。

香港身份證制度的建立，一方面反映了當時的政治需要和社會狀況，另一方面也受社會現實環境所左右。例如日本軍隊侵佔香港期間曾推行人口登記及身份證（住民證）制度，但並非在佔領初期立即貿然進行，主要原因相信是日佔政府估計戰亂初期的人心不穩，太早進行箝制，很容易適得其反。這是社會環境

（或條件）左右制度推行的例證。到了日佔政府完全控制香港，市民被逼逃的逃，遭殺的殺，剩下來的主要是逃不掉而"順從"的一群了，這時社會條件已較為成熟，日佔政府才推出住民證政策，欺壓人民，這算是日佔政府"審時度勢"的一種表現。在住民證政策的監察下，香港市民的一舉一動，也無從逃出日佔政府的魔掌了。

　　港英政府推出身份證制度同樣沿着日佔政府的舊路。香港重光之初，社會仍然動盪不穩，人心虛怯，港英政府重掌政權不久，如果便急急推出身份證政策，在當時社會條件而言，顯然是受不了的，也很容易招來各方的反對，危及本身統治。到了1949年，也即和平後的第四個年頭，港英政府對內部的統治已相當鞏固了，反而中國內地的政治環境則急劇改變，給香港帶來巨大影響。港英政府把握這個時機，巧妙地製造社會氣氛，挾解放軍乘勝收回香港的"外憂"以制當年香港湧現一片反英反殖意識的"內患"，並"聲東擊西"地乘機推出箝制居民的人口登記和簽發身份證制度，將規限人民的政策，說成是"居民衣食所需統籌分配的可靠資料"，可以為"香港全盤防衛計劃的一部份"，因而是"必不可少的"。就在這樣的背景和條件下，香港產生了身份證制度。

　　我們由此可以看到制度與社會的發展，往往是互相結合又互為影響的。當社會條件未成熟時，政策的推行或改變，均帶有很大的政治風險。同樣地，當社會條件已經轉變，而制度還未能跟隨，則會對社會的發展帶來負面影響。到了 20 世紀 50 年代末，香港社會環境已出現重大改變，人民生活較戰時已改善多了。社會更加開放，來自內地的政治及軍事影響，也大大減少了。原本嚴厲規限居民生活舉動的《人口登記條例》，已經太過苛刻了，例如規定各機構或單位均須按月向當局匯報人口變動，僱主又須要代員工登記及申領身份證等措施，便已經十分擾民了；其次，就連身份證的設計式樣、尺碼大小，也跟不上時代了。有見及此，港英政府在 1960 年修訂《人口登記條例》，

從 1980 年 1 月 28 日起，香港政府立例規定禁止僱用非法入境者及不合法受僱人士。（香港特別行政區政府提供）

又重新簽發身份證，修補舊制度的漏洞，使身份證制度與當時的社會發展，互相配合。

1980 年 10 月，香港人口政策出現重大轉變，"抵壘政策"——非法入境者抵達市區，即可以獲發身份證的做法——宣告結束，來自內地的非法入境者，一經發現會被即捕即解。為了配合這政策帶來的社會轉變，身份證制度也需跟着改變。1983 年，港英政府推出高度防偽並且有先進電腦系統支援的第一代電腦身份證，新制度可以配合"每位年滿 15 歲香港市民均須攜帶身份證"的法例，讓執法人員更有效率地截查市民的身份證，以杜絕非法入境者。

第一代電腦身份證推出不久，中英兩國就香港前途問題達成協議，英方會在 1997 年 7 月 1 日把香港交還中國政府，香港社會再次出現重大變動。為了配合這個歷史性的改變，推行不久的第一代電腦身份證，必須再次作出調整，才不致與社會脫節。1987 年，港英政府修訂《人事登記條例》及其相關《入境事務法例》，香港市民又須更換身份證，以便 1997 年中國政府對香港恢復行使主權後繼續使用。

1997 年 7 月 1 日，香港順利回歸。與此同時，港英時代的相關政策和制度，同樣需要作出修改。為了保證香港的資本主義制度"五十年不變"，特區政府只為身份證制度作出若干"字面上"的更改以配合需要。在科技一日千里、社會轉變急速的 21 世紀，到了 2003 年，1987 年時設計推行的身份證顯然已經變得不合時宜，也不合時代需求了。有鑑於此，香港特區政府在 2003 年 6 月 23 日起，為全港市民分批更換一種結合全新數碼科技的智能身份證。新證件除了具備原本的"證明個人身份"功能外，更可以由持證者自由選擇，加入電子錢包、數碼證書和圖書證等功能。2017 年底，特區政府公佈，將由 2018 年第四季度起，為香港市民更換第二代智能身份證。第二代身份證將具有更先進的晶片及軟件，以及更先進的防偽技術。

從香港身份證制度的不斷發展和沿革中，我們可以清晰地看到制度跟隨社會並配合社會發展的重要性。當社會出現轉變，制度也須要作出改變和修訂，否則，不單只社會的發展便會受到阻礙，連人民的生活，也會受到負面的影響。

身份證與移民政策

自港英政府實施身份證制度始，雖然內部有不少反對聲音，甚至有港人不肯領取身份證，但卻有很多香港以外的居民，特別是中國內地和越南人民（由於越南難民與中國內地難民有別，此文不會作出討論），為了獲得香港身份證而不惜以身犯險，用種種方法偷渡來港，希望獲取一紙證明，成為香港居民。身份證的發展與香港的移民政策，彼此緊扣，息息相關。

在 1949 年以前，中國內地和香港之間基本上沒有正式設立海關，市民可以自由進出或定居，殖民地政府的移民政策，也是"來者不拒"，因此當時香港人口的流動十分巨大，尤其是當中國內地出現重大的政治變動或災難時，例如 1925 年和 1926 年發生的省港大罷工期間，不少香港居民返回內地，直到工潮結束後才重回香港。又如日本侵華期間（1937-1945 年），大量華南人民湧入香港，香港人口急升；到香港淪陷（1941-1945 年），居港華人又逃回內地避難了。至日本投降，中國內地再陷內戰，難民南投香港之潮又起。由此觀之，雖然中國內地和香港分屬不同政權，但邊界沒有確立，進出限制不嚴，結果便是人口暴升暴跌，流徙嚴重。難怪 1949 年前的香港一直被稱為"無根的城市"，移民華人對香港的歸屬感也不大。

身份證制度是香港人口政策的重要一環，它一方面可以收監察統籌人口的功效；另一方面則改變了香港的人口結構。自登記人口以後，華人進出香港便受到限制，很多由內地逃難進入香港的華人，便不再存有重回內地的夢想。在後退無門的情況下，他們只好以港為家，在港再植根苗。港英政府在 1949 年起給予全港市民簽發身份證的政策，正好強化了他們以港為家、植根香港的心態。

1972 年 4 月，港英政府一改過往百多年視非本土出生的華人移民為臨時人口的政策，給予那些只要在香港連續居住 7 年或以上的人士予以永久居民的身份，使他們在法律上的地位與本土出生的人士無異。換言之，臨時移民可以轉為永久居民，這是扎根香港最有力的支持，也對香港社會的穩定和認同，帶來巨大而深遠的影響。

自 "貿易禁運" 政策廢除後，便有很多難民從中國內地湧入香港，港英政府對這些新來者既不是 "來者不拒"，也不是 "拒諸門外"，相反，是結合本身的利益和現實需要，接納那些可以抵達市區，有親友接濟，並且有工作能力的人，給予簽發身份證；至於那些在邊界地區被截獲，既沒有親友，又沒有工作能力的，則遣回原籍。此即所謂 "抵壘政策"（Touch Base Policy）。港英政府這種 "騎牆" 的移民及人口政策，說穿了則是為了配合當時的經濟發展 —— 勞工市場上緊張的實際需要而進行的。

俟後，當香港經濟發展日趨成熟，持續不斷的低技術勞工不但不能給香港的經濟帶來正面的競爭優勢，反而增添了社會的負擔，有鑒於此，港英政府乃樹起 "籬笆"，在 1980 年 10 月修改其移民及人口政策，宣佈放棄 "抵壘政策"，改為 "即捕即解"。從那時起，香港的人口結構便漸趨穩定，而香港人口的增長，除了自然增減外，便只有透過合法的移民進出一途了。

九七年回歸後，按照《基本法》第 24 條的規定，所有在特區成立前已享有香港永久居民身份的香港居民，其在中國內地或其他地方所生的子女，均享有香港居留權，換言之，他們應該可以申請香港身份證。就此一規定，按香港特區政府的統計，符合資格的人數約有167萬人之巨。而這批人士又大部份是年幼而且教育水平較低的，如果讓他們全數在短期內來港，將會給香港社會帶來沉重負擔。有鑒於此，香港特區政府乃提請全國人民代表大會（簡稱"全國人大"）釋法，從而收緊港人內地子女來港的資格和手續。香港特區政府的做法備受非議，而一些身在香港的港人內地子女，更加在一些示威抗議中，火燒入境處，造成入境處人員及抗議者在火災中死亡的悲劇。結果，那些採取過激手段的抗議人士，被告以謀殺之罪。為了爭取一紙身份證，他們賠上一生自由，鋃鐺入獄。

正當香港特區政府在擔憂有大量港人內地子女湧入香港之際，在2003年3月，保安局又宣佈了新的移民及人口政策，接納香港以外地區人士，只要擁有港幣650萬元，便可以連同家屬申請來港定居，而他們在香港連續居住7年後，同樣可以享有香港永久居民身份。而自2010年10月14日起，投資移民的門檻（淨資產或淨資本要求）由650萬增至1,000萬元。不過，到了2015年，行政長官梁振英發表施政報告，宣佈暫停有關計劃。與此同時，特區政府則放寬"一般就業政策"、"輸入內地人才計劃"和"優秀人才入境計劃"，鼓勵人才及企業家到香港定居及發展。顯然，外地人士只要"有財"或"有才"，亦可以換取香港居民的身份證了。香港特區政府的移民政策，再次引來社會人士的爭議。不論結果如何，身份證制度見證香港移民及人口發展這一事實，則是十分清晰的。

身份證、回鄉證與身份認同

另一方面，從身份證和回鄉證制度的變更軌跡中，我們可以整理出身份證和回鄉證的簽發與香港華人身份認同的產生，存有十分密切的關係。沒有身份證制度和回鄉證（1949年）之前，大部份香港華人皆認為自己是中國人；認同自己是香港人的，只佔一小部份。身份證和回鄉證的簽發，對認同觀念的產生和轉變，起了十分重要的作用。

港英政府推出身份證制度之時，或者只是單純地為着控制人口，但到了後來，卻發覺身份證對華人身份認同上，有一定作用。蓋自1949年後，國民黨敗走台灣，共產黨建立中華人民共和國，香港華人在身份認同上便出現十分尷尬的局面，港英政府不想將香港捲入國共兩黨的政治漩渦中，因而不鼓勵市民認同中國。但在另一方面，又不肯作出承擔，讓香港華人歸宗英國，由是之故，唯有採取非政治化的手段，盡量避免香港人的政治意識抬頭。提倡本土化，舉辦"香港週"、"清潔香港運動"和各項社區活動等,便是這種非政治化政策的表現,甚至不斷更新香港居民身份證,也是其中鼓吹本土化身份的另一些例證了。

與此同時,剛成立的中華人民共和國政府,為了抗衡以美英為首西方世界的圍堵,自 1950 年起,規定所有海外華人(包括港澳居民),進出中國內地均需事先申領回鄉證明書(即回鄉證前身),並得到中國政府批准,才能進出中國內地。至於他們在內地期間的活動,也必須受到派出所等單位的監控,這些政策使海外華人感覺像"外人"一般,在一定程度上對中國內地產生負面的影響。

到 1972 年 4 月 1 日,港英政府的人口政策再次作出改動,不再視非香港出生的華人為移民,給予所有居港滿 7 年者永久居民身份。為了配合此政策,港英政府將擁有永久居民身份人士的身份證,在簽發時,蓋上黑色的印章(黑印身份證),作為標記;而沒有此身份的人士,其身份證上的印章,則是綠色的(綠印身份證)。這種做法,使"黑印"居民對香港產生了強烈的歸屬感和認同感。而"綠印"居民到了居港滿 7 年後,同樣可以享有此"榮耀",只是時間有先有後而已。因此,這種政策上的變動和身份證格式的配合,大大強化了香港華人對本土的情感和認同。此消彼長,香港華人認同"中國人"之心漸減,而認同是"香港人"之情則漸增。

自 1980 年 10 月 26 日起，當 "抵壘政策" 取消後，香港居民身份更加 "吃香"。港英政府立法規定所有年滿 15 歲的香港居民，必須隨身攜帶身份證，否則一經查獲，可能會遭受罰款和判監。這個政策，不但使身份證的應用更加普及，同時也明確了香港人的身份。沒有身份證便等同沒有香港居留權，情如過街老鼠，只能東躲西藏。香港身份證彷彿演變成為一種富裕、先進和文明的身份象徵。

1987 年，港英政府再就香港居民的身份作出明確界定，永久居民享有的地位，在 1997 年 7 月 1 日後，仍然可以保持。中國政府為了保障香港人的利益和地位，回歸後在香港推行 "一國兩制、港人治港、高度自治" 的政策，讓香港的資本主義制度和生活方式，保持 50 年不變。香港人仍為自己的特殊地位，感到自豪和驕傲。另一方面，自實施改革開放政策以後，中國政府一改過往對海外華人的冷漠態度，並歡迎他們認祖歸宗。溝通和接觸是消除隔閡的最好方法，隨着簡化辦理回鄉證和過境的手續，中國內地與香港的接觸漸多，港人對於中國的歸屬感也漸漸提升。

總結而言，身份證和回鄉證由原本只作為單純的法律文件，轉變成為好像圖騰一樣的東西，視作是社會身份和個人地位的具體身份象徵性證明（symbolic identification），中國政府和港英政府在背後所作出的推波助瀾的活動，是不能夠低估的，這也是香港華人

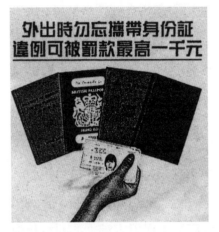

任何年滿 15 歲的香港身
份證持有人，須隨身攜
帶其身份證明文件以供
執法人員查閱。（香港特
別行政區政府提供）

圖為內地非法入境者趕在 1980 年 10 月 26 日寬限期前到金鐘華人
延期居留辦事處登記領取香港身份證的景象。（香港特別行政區政府
提供）

身份認同複雜糾纏、模糊不清的主要原因之一。

本書內容簡介

　　本書主要可分為十章。在下一章（第二章），我們將會先看看香港身份證推行的前身——香港在日佔時期推行住民證制度的始末、因由和特徵。日軍在控制香港的 3 年零 8 個月裏，曾經施行了很多嚴苛的政策，強逼所有香港居民登記戶口並領取住民證的政策便是其中之一。日佔政府簽發住民證的手段，名為保護市民，實則為了監視和控制居民的舉動，這項政策對英國殖民地政府在重掌香港統治後的施政，也有一定啟發作用。

　　在本書第三章，我們將注意力轉到港英政府推行身份證的歷史背景上。1949 年是中國近代史上一個改朝換代、翻天覆地而轉變巨大的年頭，國民黨兵敗如山倒，狼狽敗走台灣，中國共產黨取而代之，並宣佈成立中華人民共和國。然而，在“巨人腳下”，只有“彈丸之地”的由英國人管治的香港，卻充斥一片“恐共”和“非共”的氣氛。港英政府除了向英國要求增兵以“保衛”香港外，身份證制度的推行，也是在這個非常時期下產生的其中一種“針對非常時期而必不可少”的防衛性措施。

　　在第四章，我們會討論香港身份證制度推行的法理依據。為了嚴密監控人口，港英政府以草案形式在1949 年 8 月 3 日，由當時的律政司祁利芬提出，並於8 月 10 日和 8 月 17 日通過二讀和三讀，倉卒地通過成為法例。以今天的尺度而言，顯然是 "諮詢不足"，但在法律程序上，卻是 "依本子辦事" 的。可見在港英政府控制下的立法局，"橡皮圖章" 之說，果然並非 "浪得虛名"。有了人口登記條例的先例，港英政府以後的立法或修改，便順理成章了。事實上，在 1949 年後，港英政府曾多次修訂《人事登記條例》，但這些舉動，已經再沒有在社會上引起什麼反對聲音了。

在第五章，將主要回顧身份證的推行過程。可以這樣說，港英政府在推行身份證的初期，並不是一帆風順的。社會上對身份證的若干細節和規定，如需要在證件上打手指模等，反應十分強烈，並多次提出抗議。港英政府一方面派出官員多番向市民解釋，指出打手指模之 "必不可少" 和 "天然防偽" 作用。另一方面則透過立法，規定無論是工作、外遊，以至糧食配給等等，均會以身份證為依據，變相以此作為利誘。透過這些亦剛亦柔、時硬時軟的行政手腕，克服種種困難，成功地為全港市民登記，達到了藉簽發身份證控制人口的目的。

香港身份證的特色和沿革是本書第六章的主要討論點。在這一章內，我們將會深入探討香港身份證在設計上的一些特點。證件推行初期，港英政府為求盡快完成登記，一切設計從簡，身份證也只是"粗卡紙皮一張"，一些個人資料更是手寫而就。俟後，香港身份證經歷了若干改變，美術設計也漸漸有了很大的改善，使得香港身份證由大卡紙一張演變成今天小巧精美，兼且可以植入電腦晶片作多功能使用，情況已完全不可同日而語了。

在第七章，將會討論身份證與香港移民及人口政策問題。在 1949 年前，由於中國內地和香港並沒有正式海關的設立，香港華人可以自由進出，港英政府並沒有明確的移民政策。但自 1949 年後，香港居民進出中國內地和香港開始受到限制，身份證和回鄉證先後推出的目的，正是為了規範人口的遷移和活動。港英政府在 20 世紀 60 年代起給予非法移民簽發身份證的手法，是接納新移民的做法。到 1972 年 4 月，再賦予非香港本土出生移民永久居民身份的政策，更是開放式移民政策的延續。1980 年底，隨着抵壘政策被取消，香港開放式的移民政策也劃上句號。自此以後，香港人口結構也趨向穩定，移民政策也變得更有選擇性。2003 年以後，香港特區政府雖然推出投資移民政策，但其開放性仍然十分有限。

在本書第八章裏，我們會從身份證的簽發歷史探討香港華人身份認同的孕育和轉變。在身份證制度未推出之前，大部份香港華人並不認同在港英政府統治下的香港人身份。在推行身份證初期，港人對"香港

"領取香港身份證請先排隊！"（香港特別行政區政府提供）

居民身份證"仍有一定抗拒。俟後，港英政府在 1972
年 4 月，宣佈給予所有連續居住香港 7 年或以上的移
民人士永久居民身份，扭轉過往視他們為臨時人口的
政策，使他們產生以港為家的情懷，因而撒下本土文
化的種子。

　　隨着身份證制度的完善，生活在香港的華人，
開始對本土文化和香港人本身的身份產生認同，而抗
拒港英殖民統治之心則漸見減退了。到了九七回歸，
香港人的身份又有了巨大的變化。在法理上，香港人
已經和中國內地十三億多同胞一樣，都屬於中國公民
了，香港特區的身份證也將重新設計和簽發。在每個

轉變過程中，香港人曾經對自己的身份出現過不同程度的轉變，身份證就是每個轉變的記錄。九七回歸後，香港人在身份認同上，會否隨身份證的改變而同樣出現轉變呢？這將會是本章希望回答的問題。

在本書第九章裏，我們將會轉為探討回鄉證的歷史和發展，了解香港華人對 "中國人" 身份的認同概念。若果我們認為身份證是本土文化和身份認同的見證，那麼回鄉證的萌生，同樣標誌 "中國人" 身份認同的蛻變。事實上，回鄉證制度可說是身份證制度的衍生。在 20 世紀 50 年代，新成立的中國政府為了回應以美英為首的 "貿易禁運" 和外交封鎖，對海外華人（包括香港和澳門）進出中國內地，也實施規範，海外華人在進出中國內地之前，必須申請並須獲得當局批准，才可進入，至於在中國內地期間的活動，更因不同情況受到一定程度上的限制，這是回鄉證制度的來源。站在香港華人的立場而言，中華人民共和國政府設下關卡，視之為 "外人" 的政策，自然扭轉了他們的身份認同感和歸屬感。回鄉證制度施行之前，大部份香港華人均認同 "中國人" 的身份，但自此制度施行後，香港華人開始發現自己被排除在 "自己人"（或 "中國人"）的圈子外，因此認同 "中國人" 身份的情愫漸減，最後更形成認同 "香港人" 身份遠多於 "中國人" 身份的格局。

在本書最後一章（第十章），我們會從香港身份證發展的歷史中，了解香港社會的轉變和調適，從而探索身份證制度在香港歷史上的作用和意義。身份證簽發制度本身乃統治者控制人民的其中一項重要手段，對於大部份市民而言，不論願意與否，還是要申領的。在香港特區政府的刻意推動下，今日的身份證已經真的變成市民生活"必不可少"的東西，身份證已不止是一項單純的法律文件，它還可以用作駕駛執照、圖書證、電子錢包、數碼證書，甚至作為商業貿易的交易平台等。

結語

總結而言，身份證制度的實施，本來是港英政府為了防範聲勢日盛的中國共產黨，在打敗國民黨並奪取政權後，乘勢收回香港的其中一項重要措施。這措施的目的，主要是全盤控制香港人口，提防親共人士在香港從事政治活動，危及港英的殖民統治。然而此政策的功用和影響，卻遠大於此。它一方面影響港英政府的移民及人口政策；另方面則喚起香港華人的本土身份認同。至於身份證的應用，由原本最單純的確定居民身份，再推廣至日常生活（如：旅遊過境、求學工作、生意貿易、以至公民選舉等），這相信是港英政府推出身份證制度之初所意料不及的。

第二章　日佔時期的香港住民證歷史

引言

　　首先，讓我們由身份證制度推行的原因和歷史背景說起。從時間上說，香港相信是世界上其中一個較早系統化地推行人口登記，並強制規定簽發身份證的地方之一。考查香港身份證制度的推行，我們可以分為日佔時期和港英統治時期兩大部份。日本軍事佔領香港時期，曾經很短暫地推行身份證（住民證）制度。香港光復後，所有日佔時期的措施也廢除了，身份證制度亦一併取消。但到了 1949 年，港英政府又重提此政策，強令市民遵行，並且推行至今。為了方便討論，我們會先將日佔時期推行人口登記並簽發身份證明文件的原因、過程以及各種措施一併在本章探討，至於在其他章節，則只會集中討論影響更為深遠、層面更為廣闊的港英時代的人口登記政策。

　　日本軍隊在 1941 年 12 月初進犯香港，英軍不堪一擊，在短短的 18 天內，日軍便直搗黃龍，攻佔香港，港督楊慕琦（M. Young）被逼在半島酒店簽下降書，香港也進入三年零八個月的黑暗歲月。日本侵佔香港，實行軍法統治，其間香港糧食供應失常，市民活動受到限制，生活苦不堪言。

初期，日佔政府在香港並沒有推行住民證政策，直至 1945 年 4 月，才倉卒施行。同年 8 月，日本天皇宣佈投降，住民證政策也宣告結束。從推行時間上說，住民證制度雖然只有短短的 4 個月，但它對日後港英政府的影響，卻十分重大，因此，我們不可以因為它在施行上日子短促而忽略了。以下，我們不妨先從日本軍隊入侵香港，並發行身份證的背景說起。

藉住民證控制人民

身份證的推行，其實是統治者對其所屬臣民的一種控制方法。最早出現身份證明文件這東西的，便是日本侵略者，為了彰顯其侵略統治並控制中國人民而設立的。在侵華時期，日本軍隊為了嚴密監管侵佔區的中國人民，乃強制推行了人口登記和簽發身份證政策。按朱子家的《亂世文章》內一篇雜文記載，中國最初出現身份證這東西是抗戰以後的事。日軍在中國淪陷區內，一方面為了防止游擊隊藏身民間，對抗日軍；另方面又可以乘機摸清老百姓的底細，便強令中國人民向日軍登記，並領取"良民證"。朱子家這樣描述：

日軍在佔領地區辦過叫做"良民證"的，所謂良民，日軍心目中無疑就是順民……迨汪政權建立以後，認為"良民"兩字太不成話，於是在其全境之內，實施更換了另一種證，名字也改稱為"市民證"。然而市民證的作用，僅在更便利統治當局的加緊統治……但是當時的市民證，畢竟還得以免除被指為游擊隊的嫌疑，可以苟全性命，還可以享受配給廉價米與布的權利。以後抗戰獲得了慘勝，接收地區，市民證又變為國民身份證，直等中共吞併了全國，憑了戶籍冊，按圖索驥，也等於讓他接收了全部人民，任何人都無法逃出其手掌之外。（朱子家，1956：97-98）

很明顯，無論是"良民證"或是"市民證"，其最主要作用便是讓統治者可以更方便和更有效地控制其統治下的人民。這種措施，在和平日子本已相當重要，在戰爭時期便更不在話下了。在抗戰時期那種兵荒馬亂、戰火連天的時候，無論是物資運送或個人行動均極不方便的社會環境下，為了分清敵我，證明每個人的身份，在淪陷區的日本軍隊便構思出各種各樣嚴密控制人口的方法，其中給老百姓發出不同種類的證件（例如："住民證"、"工作證書"、"渡船（旅行）許可願（證）"等），便是其中的一些手段。這些措施名為保護人民，實則用以監察中國人民的生活，控制他們的一舉一動。

謝永光也指出當年在平津等地區淪陷後，日本軍確實發給當地百姓"良民證",用以證明他們是日本鐵蹄下的"臣民",並非游擊隊。另外,"良民證"也用作糧食分配和核查身份等用途。當深夜遇有憲兵突擊檢查或外出時,"良民證"也是其中一項重要的"防身"文件,可以避過災難。那時候,"良民證"便變成保障生命,免受日軍凌辱的重要文件了。(謝永光,1994)

可是在香港淪陷初期,日軍雖然實施了各項嚴密的人口管制措施,限制市民的活動,但卻沒有如內地淪陷區般推出"良民證"制度。按當時的日佔香港警察總局局長金澤佐木的官方解釋,主要是因為戰局初定,不想騷擾香港市民。"此種住民證之發給,本擬於佔領香港之初即實行,但以當時戰局甫定,若實施此種事務,未免予市民以若干麻煩,致遷延至現在"。(香港《華僑日報》,1945 年 3 月 25 日)

事實上,自從美國向日本宣戰後,亞洲各國也相繼向日本軍國主義侵略者發動反攻。踏入 1943 年,日本在太平洋地區的戰事已連番失利,在中途島戰役、瓜島戰役、馬紹爾群島戰役、以至菲律賓等戰役中,美軍先後擊敗日軍,日本侵略者已陷入困局,敗象紛呈。另一方面,由於日軍在東南亞一帶戰區的形勢不利,使海上補給線多受盟軍封鎖,而各佔領區內的反日活動日熾,也使日軍在佔領區內的統治更加困難。(蔣國維、向群、唐同明,1985)為了維持在佔領地的控制,日軍決定採取更嚴厲的措施,防止香港佔領地區內的反日活動。1945 年 4 月，日本軍以"鞏固治安、肅清匪類"為名，將內地淪陷區的那一套搬到香港，宣佈推行簽發身份證明文件的政策，加強對香港居民的箝制。以下我們可以談談日佔時期香港推行身份證文件的過程、證件特色和影響。

住民證的法理依據

在 1945 年 3 月 17 日，香港佔領地總督田中久一發出《公示第十五號》，規定除 10 歲以下兒童外，所有香港佔領地的居民必須申領住民證，並且隨身攜帶。若居民不在指定領證日期內前往申領，則會被取消戶籍。至於沒有身份證明文件的居民，一經發現同樣會受到軍事處罰。該公告的原文於 1949 年 3 月 24 日在各大小報章中刊登，現引述《華僑日報》內的規定如下：

《公示第十五號》

香港佔領地總督管區內住民，10 歲以下除外，依左（下）關各項領取住民證，時常攜帶。但日本人以大和會長發出之大和會員證，第三國人及其他各人，以總督部發出給之通行許可證代之。違反者或持假證者，處以軍罰。

昭和二十（即 1945）年 3 月 17 日

佔領地總督田中久一

日佔時期的香港住民證（上、中）
和身份證明書（下）。（唐卓敏先生
提供）

36

除此以外，公告內還列出申領住民證的資格、手續和各項要點，申令全港市民遵從，否則將受處罰。

計開

一、發給者：香港佔領地總督部警察總局長。

二、交付請求適格者（申請者資格）：登錄於管區內戶口原簿者。

三、請求要領（申領要點）：領取住民證者，應自四月九日起至四月十九日止，將寬約兩糎（1吋）長約三糎（1吋半）之相片一張（無相片者得以指紋代替），附具費用十圓，呈送各管區長請領，不能依限請求者應認為失權（放棄權利），由戶原口簿除籍。但因旅行、疾病、或其他不得以事故，不能依限請求者，應於事故完畢後，開列事由，請求補發。（香港《香港日報》，1945年3月24日；香港《華僑日報》，1945年3月24日）

由於當時乃軍法統治時期，一切法令的推行均不會有任何立法或諮詢程序，住民證的頒行，也只是由當時的總督發出一紙命令而已，市民便必須服從了。

住民證的推行過程

告示更列出了住民證的式樣，當中包括一些個人資料、照片和指模等。同日，當時的警察總局局長金澤佐木宣佈了一些更具體的細節，包括申明簽發證件的功用，主要是“總督部軍政下良民的一種證明，用以證明其為被保護者”。因此在香港佔領區內，凡10歲或以上之居民，必須領取，才能得到日軍的“保護”。而每張證件則收回手續費10元（軍票）。至於申領日期為該年的4月9日至4月19日前後合共11天。申領地點分處港島、九龍及新界各區。由於住民證需要蓋上手指模，因此各申領人必須親身前往辦領。金澤佐木更加語帶威脅地強調“如不領者，一經發覺，即註銷其戶籍，並將處以軍罰”（香港《香港日報》，1945年3月24日）。換言之，市民若果要生存，便只有乖乖地屈服，申領住民證，免受軍罰處置。

由於當時政令推出過急，很多居民為了領取證件的手續和費用等而大傷腦筋，也有市民為了未能拍攝照片而抱怨。後來日佔政府公佈未及拍照片的，可以不用在申領時即貼上，到日後拍得照片後，再自行貼上亦可接受。（香港《香港日報》，1945年3月27日）至於費用問題，日佔政府也答允在個別地區內給“貧困而不能為其家族全體繳費領證者”減免，算是一種交代。（香港《華僑日報》，1945年3月25日）但實際得到減免者有多少，則沒有公佈了。

身處戰火中的市民也知道，在軍法管治下，反對政府政策只會賠上生命，因此按當時報章分析，市民只希望在辦證時可以盡量減少麻煩，做到：（一）不妨礙公務；（二）不枉費時間；（三）不枉費金錢為原則。（香港《華僑日報》，1945年4月15日）至於要在住民證上印指模一事，報章上看不到什麼反對聲音，這相信和當時社會正受日本軍法統治，箝控極嚴的情況下，市民敢怒而不敢言有關。

由於要在住民證上印指模的規定沒有先例可循，很多市民以至工作人員均不熟習。"關於住民證之頒發，當局曾規定住民證上須有領證者之指紋或相片，至捺（印）指紋工作，因尚屬初次施行，故負責任捺印指紋之工作人員，多未熟練。"（香港《華僑日報》，1945年3月26日）這樣，在辦證時便會帶來不便。

有見及此，警察當局在1945年3月31日曾經舉辦了"印指模講習會"，對蓋指模的方法，作出解釋。會後更有工作人員做示範，務求讓領證者明瞭和掌握正確的蓋手指（模）方法。報導中更提出了正確印指模的8大步驟，分別是：（一）不論男女，均須印上右手大拇指指模；（二）指模位置，以第一關節之螺紋為原則；（三）螺紋指紋必須全個，不能只印一半；（四）指紋線條，必須清楚，不能模糊；（五）在印指模前，必須洗手指，確保指紋清晰；（六）印指模時，須放輕手腕，避免指紋模糊；（七）如不明白，須按職員指示；（八）居民須到指定地點辦理印指模手續。（香港《華僑日報》，1945年4月1日）

日佔政府高度重視住民證的推行，為了達到目的，幾乎到了無所不用其極的地步。除在各大小報章上大肆宣揚，指推行住民證的主要目的是為了保護市民，沒有市民證，不但得不到日本軍警的保護，反而會受到重罰等似是而非的謬理外，在簽發住民證之前，日佔政府更指令各商業機構應給員工行個方便，讓他們可以前往辦理證件。至於對那些乘機加價的照相商店，警察當局更"召集照相商人，有所訓示，勸其勿乘機抬高價格，免增重市民負擔"（香港《香港日報》，1945 年 4 月 8 日）。

到了簽發住民證當天，日佔政府在報章中一再申令，全港市民必須申請住民證，否則取消其戶籍。"當局決定由今日起發給住民證直至 19 日止。在這 11 日內，港九新界居民，凡 10 歲以上者，須在發證期內，前往指定場所領取。倘逾期不領，作無戶籍論，乃是犯法。"（香港《香港日報》，1945 年 4 月 9 日）在日佔政府各種威脅和恫嚇的手段下，有很多怕事的市民，只好無奈地前往辦理。按當時報章的報導，在軍警的協助下，領取時的秩序尚算良好。"為使一般居民領證時利便起見，在各場所分設發證處及捺（蓋）指模處，居民繳交款（項）後，即攜同證書，由職員指導捺上指模於證件正面，即告完成手續。手續甚簡，約兩分鐘時候便可辦理完畢，且領證者秩序甚佳，所以進行異常順利，每場均設有洗手處，鄰保班長也有蒞場協助發證。"（香港《香港日報》，1945 年 4 月

10 日）

　　到了接近完成登記的日子，即 4 月 19 日，日佔政府又多番指出不領取住民證便等如放棄在香港的戶籍，如被日本憲兵或警察查獲，將會按軍事法例規定處以嚴厲懲罰，強令市民前往申請。

　　住民證交付期（辦理期限）今天為最後一天。據香港地區所戶口系（戶口部門）消息：如逾期仍未領有住民證者，其戶籍有被註消的可能。查港九各區發給住民證以來，依期前往辦領固多，但因事不能依時前往領者亦有。各區為利民眾計，特定昨（18）今（19）兩日，為補發日期，各區居民未領證者均宜注意，今日既為最後一天，逾期者決不補發（因病留院或渡航〔旅行〕未返，及有特別充分理由者除外）。住民證於今日派發完竣後，由明日起，當局將隨時派員檢查住民證，已領證者宜隨時攜帶在身，以便檢查時提出。如無證者，最遲今天宜辦妥領證手續。此點，希全體市民萬分注意。（香港《香港日報》，1945 年 4 月 19 日）

　　雖然日佔政府多次恫嚇，仍有市民冒軍法懲罰的危險，不肯申領住民證。在 1945 年 4 月 21 日，即住民證領取期限截止後的第二日，日佔政府公佈領取證件的人數約為 376,000 人，尚未領取的則約有 11 萬人。"香港各區發給住民證，已於前日全部結束，查未領證者尚餘 443,207 名。以此計之，則領證者不足八成，未符當局最初預期成績。"（香港《香港日報》，1945 年 4 月 21 日）（表 2.1）事實上，當時真正領取住民證的人口，未必如日佔政府所宣揚的那麼多，要不金澤佐木的反應不會那麼大。就算按當局所提出的數據分析，當時香港人口約為 60 萬人，扣除 10 歲以下兒童和日本籍人口不計算在內，餘下需要申領的人口，應有 50 多萬人左右，但辦領者不足 38 萬人，其中有些更是 "一人領取多證" 的，以作 "不時之需" 的，就算日佔政府出動種種手段和政策，仍無法達到 "全港住民均須登記" 的目的。因此住民證政策 "不如預期" 的說法，也是可以肯定的。

表2.1　1945年已申領住民證的具體數目統計

地　區	10歲或以上住民人數	已領取人數	未領人數	領取比率（%）
香港島	215,008	171,801	43,202	79.9
九　龍	203,965	147,795	56,170	72.5
新　界	67,245	57,387	9,858	85.3
總　計	486,218	376,983	109,230	*77.5*＊

＊斜體部份，為本書作者計算所得。
資料來源：香港《香港日報》，1949年4月21日。

　　為了強逼更多市民領取證件，日佔政府更加延長領證日期，催促未有領證者前往辦理。"頃據香港地區所戶口系消息：關於今後未領證者，除有充分理由外，至於補領時間，仍有待警察當局批定；但如有等部隊苦力及公務員，因公未能如期領證，而得所屬官廳證明者，則應於 4 月 20 至 24 日補發。"（香港《香港日報》，1945 年 4 月 21 日）可是，真正在延期日子前往辦理的人，還是寥寥可數。就算是多番延期，仍有兩成多市民不願申領住民證，負責該行動的警察局總長金澤佐木曾經發出鄭重聲明：

　　局長本人立場，係根據總督部施政方針而行，凡執行一切事務，必真正徹底執行，不寬貸、不苟且，獎罰分明。有妨礙政令者，必加判處，至於所謂軍罰，非簡單之刑罰或祇罰款之謂。係依照正式法令，拘往執法機關科以重罰或禁監，積極而徹底的執行，切勿輕妄觸犯。至於有等（些人）或以為當局動言軍罰，輒謂科以重刑之種種罰則，在表面上觀之，誤會為壓迫民眾之謂，其實不然。且當局為着大多數民眾着想，為着建設善政，不惜動用各種刑罰而懲處少數之不良份子，以儆傚尤。須知當局並非輕動刑罰，若加之以刑罰者，實為對惡質份子之必要措施，善良之居民，必加保護。蓋依照當局施政方針，非嚴懲不肖莠民，無以建立善政。當局雖執法如山，但善惡分明，獎罰有度，此點至希全體市民能充分諒解與認識。（香港《華僑日報》，1945 年 4 月 21 日）

　　在實施軍法統治，嚴格規管大眾傳媒的時代，金澤的聲明無異於自暴其短。他一方面口口聲聲說住民證是保護民眾的"善政"，但另一方面卻以高壓手段，欺凌民眾。為此，日佔政府不惜派出軍警，四處搜查，捉拿仍未領取住民證的市民，"（日佔政府）已派出大批警員在市面檢查住民證，如搜出未領住民證者，當分別科以重罰，希望民眾萬分注意"（香港《華僑日報》，1945年4月21日）。

俟後，日佔政府也曾經多次嚴厲懲罰未領取住民證的市民，也答應給予那些有充分理由者一再推延寬限期至4月25日，要求他們盡快完成登記和辦理住民證的手續。面對日佔政府的嚴刑峻法，仍有接近兩成香港市民，寧死不服，不願申領。日佔政府也由始至終沒法子將領取住民證的比率，提升至八成水平。

與此同時，日本軍隊曾多次在街道上截查市民的證件，又以住民證作為重要的生活物資分配證件，例如在分派食米上，規定只有持有住民證者，才給予分配。（香港《香港日報》，1945年5月15日及19日）其次，當日佔政府向市民收取苛捐雜稅時，也是以住民證為憑據，依戶依人徵收。很明顯，日佔政府希望將住民證的應用和重要性，與市民的日常生活結合為一，以期達到用住民證箝制人民活動、推動政府政策的目的。

在推行住民證期間，日軍在太平洋地區的勢力，已如強弩之末，岌岌可危了，只是日軍仍死不甘心，頑固抵抗而已。到1945年8月6日及9日，當美國戰機在廣島和長崎投下兩枚原子彈時，垂死掙扎的日本軍隊已潰不成軍，在世界各地受到迎頭痛擊。同月 15 日，日本天皇終於向全世界宣佈無條件投降。英國政府立即命令香港規劃小組（Hong Kong Planning Unit）成員前往香港，參加接管香港事宜。然而當時的國民黨政府卻埋首於收復內地，又為整合軍旅和對付共產黨人而大傷腦筋，因此無暇他顧。在知悉英國重佔香港時，蔣介石派遣吳國楨與英國政府多次進行交涉，可是當時英國倚仗自己軍力強大，又有美國撐腰，因此藉恢復昔日＂榮耀＂之名，強行重佔香港。面對橫蠻無理的英國政府，蔣介石也只有象徵式地發表了一篇《關於香港前途的公開聲明》，指出＂中國不會趁日本無條件投降找個機會來破越國際公約或侵犯盟國利益。我們不會趁機派兵佔領香港，不會在盟國之間挑起誤會＂（香港《華僑日報》，1945 年 8 月 25 日），雷聲大雨點小地作出了回應。至此，英國在香港延續其殖民統治的情勢，已成定局。（曾銳生，1985；劉偉，1983）1945 年 8 月 28 日，原港督輔政司詹遜（F. C. Gimson）在電台發表重要講話，宣佈成立港英臨時政府，並暫時推行軍法管治，希望全港市民與當局合作，維持社會穩定。

除了詹遜的電台講話，當時的臨時軍管政府，還在報章上呼籲市民應保存住民證，協力穩定社會的治安。

據接近新當局者表示，現在香港治安，頗為良好，市上一切情形，均極寧謐，此實有賴各方面之協力所致，今後為確保地方安寧，民眾與政府之間，宜通力合作，使香港臻於康寧景象。至此前由當局發給之"住民證"乃為證明居民有正確戶籍之一種作用，直接與地方治安有關，將來接收後，亦有助於調整戶籍或其他手續，則各人現在持有之"住民證"或仍保持其相當之效用，故深望各人對"住民證"仍須妥為保存，不可任意棄置，以備必要時之使用。（香港《華僑日報》，1945 年 8 月 28 日）

由此可見在戰爭結束的交接時期，香港社會出現"真空"，容易產生混亂的情況下，作為控制人民活動的住民證，仍可以收到約束市民行為的功效。從這個角度上，住民證對保持社會穩定，卻是有正面作用的。

英國接管香港初，夏愨（C. H. J. Harcourt）將軍為了確保政權順利過渡，在香港實施臨時性的軍法統治。一直到 1946 年 5 月，楊慕琦重返香港復任總督，軍政時期才宣佈結束。自港英政府正式接管香港後，日軍淪陷時期的措施和條例也逐漸廢除，住民證的政策，也告終結。而所有日本侵略時期所收集下來的各項資料，也一併燒毀掉了。

住民證的證件特色

至於當時住民證的式樣如何，謝永光這樣描述：

> 這些 "住民證" 是用摺折式的白色厚卡片製成，上面
> 寫着持有人的姓名、出生日期、身份、職業、本籍地、住所
> 等。下面蓋上 "香港佔領地總督部警察局局長" 的印章，印
> 上的全是日文。另一邊是貼着持有人相片，下面蓋上指紋。
> 如果在日軍突擊檢查時交不出這種 "住民證"，便會被日本
> 軍當作嫌疑份子扣押。（謝永光，1994：98）

不過，謝永光只是描述了住民證的正面，至於背
面則沒有交代。實際上背面也是十分簡單的，主要列
舉了4項必須注意的重點，現補充引述如下：（一）本
證不可交他人及貸（借）予第三者；（二）旅行時及外
出時必須攜帶此證；（三）紛（遺）失此證時須速屆
（到）所轄警察局請再發給（補領）；（四）禁止偽造或
變造。（香港《華僑日報》，1945年3月24日）換言
之，背面只是列出了證件的重要條文和規定，和今天
一些會員證條文大同小異。

住民證上所有個人資料，均是由人手逐項填寫上
去的，字體行草不一，因此比較粗糙。其次，除了正
面有一行日文外，住民證上並沒有印上什麼日本政府
的標誌。如此這些，其實正反映出當時的日佔政府，

在推行政策上的倉卒匆忙，為求盡快達到目標，當局並不計較證件的形式和設計。也即是說，只要將全港市民登記起來，掌握居民的資料，便可以達到控制居民活動目的，其他的繁枝細葉，在日佔政府看來已不太重要了。

結語

總結而言，日本軍隊佔領香港期間簽發的住民證，雖然前後不到 4 個月，便因宣佈無條件投降而劃上句號，致使香港身份證制度的推行，一閃即逝。但如果我們因此將日佔時期所推行的措施視而不見或輕輕帶過，似乎有違治學的原則，也與事實不符。但如果我們將 1945 年當作是香港身份證制度的開端，又似乎有點牽強。蓋當時推行住民證的日子實在短得很，幾乎是申領完畢後（還有接近兩成市民仍沒有領取），市民還未習慣，便廢除了，因此住民證對當時的居民而言，影響不算太大。

其次，當時真正領證的人口不足 40 萬人（如果與 1949 年底總人口有接近 200 萬人比較，更加只是一小部份而已），而住民證的實際應用並不普及，市民也鄙於使用，因此從應用和普及角度上看，住民證制度並不可以算是身份證的真正開端。雖則如此，我們卻絕不能否定日佔時期這制度對港英政府在 1949 年施行身份證時的仿效和借鑒。從種種跡象顯示，港英政府無論在初期籌劃，到具體落實身份證制度時，在很多地方均參考了日佔時期住民證的制度，因此我們可以十分清晰地看到港英政府早期的身份證，仍然留有住民證的影子。有關這個問題的深入分析，我們在本書第五章裏，將會再作進一步的討論。

第三章　港英政府推行身份證的歷史背景

引言

　　現在，讓我們談談港英政府推行身份證的歷史背景。在 1949 年前，旅客於中國內地與香港之間進出境是十分自由的，並沒有甚麼限制。"自英國統治香港之始，粵港兩地人民一直是可以自由往來的，雖歷經戰亂而未變。"（鄧開頌、陸曉敏，1997：252）就算在日佔時期，兩地仍保持着緊密的聯繫。中國內地戰亂，難民便流入香港；香港淪陷，大部份香港居民又逃回內地。香港重光後，中國內地與香港自由進出的情況，仍然保持。但在 1949 年起，港英政府開始逐步收緊香港與內地的接觸，藉以減低來自中國內地的影響。

　　港英政府籌劃推行身份證制度最主要的原因，便是與中國內地出現重大的政治變動有關的。1949 年，中國共產黨打敗國民黨，取得內地的統治權，港英政府對此十分擔憂，他們推想中國政府會 "乘勝追擊"，趁打敗國民黨的時機，順理成章地收回香港。有鑑於此，英國政府為了保存在香港的利益，乃決定推出一連串重要措施，嚴防中國政府收回香港。

在這段期間，英國政府除了給香港不斷增兵，加強防衛，又在香港邊境地區戒嚴，規定居民需要持有效的"通行證"，才可以出入外，還仿效日佔時期政府，規範化地推行身份證制度，嚴厲規定所有居民必須向當局登記，並領取身份證，藉以監控市民的進出和遷移等活動。以下，我們先從英國政府對當時香港政局的評估談起。

香港政局評估

1947 年初，共產黨在形勢上已壓倒了國民黨，而共產黨人在香港的活動，更日趨熾烈。在遼瀋戰役、平津戰役以至淮海戰役中，國民黨軍隊不堪一擊的情況表露無遺，國民黨政權敗亡在即，解放軍席捲全國，共產黨控制內地的日子，已指日可待。與此同時，共產黨人在香港的活動日趨頻繁，給殖民地政府的管治威脅也日漸增大。對港英政府而言，要面對一個強大而陌生的中國政府，加上當時西方世界又給"恐共"和"非共"的情緒所籠罩，難免會對中共政權存有憂慮和猜忌。面對這樣的格局，港英政府為了延續在香港的殖民統治，只有急謀對策，防止解放軍進佔香港的可能性。

就在這樣的時局下，英國外交部大臣貝文（Ernest Bevin）在 1948 年 12 月 9 日向內閣提交了一份有關

《目前中國內戰形勢的發展》的備忘錄，評估當時中國形勢對英國以至香港社會的影響。針對當時的時局，貝文認為共產黨人實際上已控制了中國北部，他們最終統治全國只是時間上的問題。貝文指出在共產黨主政下，中國政府推行的政策，將會和大英帝國的殖民政策水火不相容。貝氏更相信，中國政府有理由採取任何行動收復香港。"香港能否繼續作為英國的殖民地，取決於共產黨人是否感到一個組織和運作良好的英國港口有利於他們與外面世界的貿易……如果共產黨人要求將香港歸還中國，他們會採取戰爭以外的各種方法，挖香港的牆腳……他們可能通過煽動罷工，在某程度上使香港經濟暫時癱瘓。"最後，他的結論是："香港殖民地可能繼續存在下去，但是可能會像生活在火山口一樣。"（劉蜀永，1995）

　　針對當時的環境而言，貝文的分析不無道理，只不過他並不知道，在解放廣州前，中國共產黨華南分局外事辦公室，已按當時的局勢，定下具體的"對港澳的方針政策"，暫時保持這兩地的現狀。該方針是："（一）暫時維持現狀（各邊界），對領土主權不作任何表示。（二）採取一切正確的有效辦法，避免軍事衝突，並防止邊界糾紛，但在邊界上必須嚴加警戒，堅持'人不犯我、我不犯人'的原則。（三）在平等、互利和互相尊重領土主權的原則基礎上和平進行貿易。（四）在深圳地區設外事辦機構，以掌握政策和及時收集情報。（五）迅速制訂和分佈對外貿易和通匯的各種條例，發表闡明我（國）對外貿易和保護外僑的談話。"（鄧開頌、陸曉敏，1997：240）

但是，有種種跡象顯示，港英（或英國政府）當局並沒有充分掌握和了解中國共產黨這一方針政策，也對時局的估量不足，因而只是盲目地相信："解放軍很快會打到來的了！"正因如此，當時的港督葛量洪（A. W. Grantham）乃積極籌備一切應付將會發生重大事故的可能性。套用葛氏在 1949 年 3 月 16 日在立法局會議上的講話，即："我們的格言必須是希望最好的，但準備遭遇最壞的。"（Hong Kong Legislative Council, 1949: 60）說得更清楚點，葛量洪認為為了防範任何來自中國政府的威脅，港英政府必須採取多項措施，加強對香港的防衛和控制。這些措施基本上可以分為三大類：（一）增強香港軍力裝備；（二）高度警戒，並提升香港至緊急警備狀態；（三）收緊社會內部控制。透過這些政策，港英政府希望可以防止中國政府收回香港。以下我們將港英政府在這時期所推行的各項措施，逐項說明。

增強香港軍力

面對當時的局面，英國外交部大臣、殖民地部大臣和國防部大臣根據英軍遠東司令的估計，聯合在 1949 年 1 月擬定了一份《香港緊急防衛計劃》，提出為了應付可能出現的緊急狀態，香港需要 4 個步兵營、1 個皇家炮兵野戰團、1 個海岸與防空兩用重炮團和 1 個在需要時能立即增援的後備旅。除此以外，港英當局還成立了一支輔助警察部隊，以備急需。不過港英當局卻對警隊中有絕大部份係華人而表現出信心不足。"雖然警隊中的華人成員已受過軍事訓練，但可以想像在緊急狀態下，他們不可能是完全可靠的⋯⋯除了少數歐洲人和歐亞混血人士外，輔助警隊只能在不可靠的來源（華人）中招收了"。（劉蜀永，1995）由是之故，港英政府仍積極游說英倫，給香港增兵和支援，以提升香港的防衛力。

兩個月後，也即是 1949 年 3 月 5 日，英國殖民地部大臣瓊斯（A. C. Jones）向內閣提出了《關於馬來西亞和香港局勢》的備忘錄，清楚地指出香港將可能面對的各項威脅。他說："英軍遠東司令和香港總督等磋商後認為，短期內香港可能面臨的威脅有以下三方面：（一）左派工會可能在香港內部製造騷亂；（二）難民大量由陸地或海上湧入香港；（三）共產黨組織的游擊隊可能從外部入侵。"瓊斯進一步提出如果共產黨人在 1949 年前直接威脅香港，香港的兵力實不足夠應付。因此英國需要給香港增兵 1 個旅的軍力，以應付當時的危局。瓊斯同時討論到關閉香港海陸邊界、撤退在港歐人、實行配給制、自願登記和強制登記、警察訓練和罷工等問題。英國政府最擔心的是，中國共產黨可能通過在香港內部製造騷亂，達到收回香港的目的，從而給東南亞其他英屬殖民地帶來連鎖效應，進一步危及英國政府的利益。（劉蜀永，1995）

與此同時，港英當局根據英國政府防衛香港的政策，頒發一系列旨在加強香港內部管制的行政和立法措施。同年 5 月 7 日，英國國防部大臣亞歷山大（A. V. Alexander）在倫敦向英國國會發表報告，指英國正派遣大批援軍到香港，增強當地防務。這批援軍包括陸軍、海軍和空軍的軍隊，使香港的地面部隊力量增加至兩個旅團，而每個旅團各有 3 個營，共約 6,000 人。此外，還有輔助部隊，包括坦克、野炮、高射炮和平射炮。空軍援軍則包括戰鬥機在內。香港海軍艦隊亦會增加巡洋艦 1 艘，如有需要還會增加航空母艦 1 艘。亞歷山大說："香港很久以來就保持一種傳統的中立，不干涉中國的政治。英國政府一貫地對中國的內戰保持不干涉的政策，但對香港則保持非常警惕和注視，英國政府在決定保護香港的進一步措施時，完全出於善良的願望，也決心防止中國的不穩定情況危及香港人民的幸福與安全，或妨礙香港與中國進行的合法貿易關係。"

到 5 月 23 日，亞歷山大再向英國內閣提交了《關於香港防務的備忘錄》，討論了防備中國軍隊大規模進攻香港的軍事問題，他更加具體地計算了斯時香港的

軍事力量。他在備忘錄中指出，當 1949 年 7 月 19 日最
後一個營的援軍到達香港時，香港的駐軍將會增加至：

陸軍——　2 個步兵旅（4 個英兵營、2 個啹喀兵營）

　　　　　反坦克炮 24 門

　　　　　野戰炮 36 門

　　　　　重型高射炮 16 門

　　　　　輕型高射炮 12 門

　　　　　坦克 16 輛

空軍——　1 中隊噴火式戰鬥機（16 架）

　　　　　1 中隊蘇打蘭飛機船（5 架）

　　　　　戰鬥控制中心和預警雷達

海軍——　巡洋艦 3 艘

　　　　　驅逐艦 6 艘

　　　　　快速艦 5 艘

　　　　　若干小巡邏艇

　　按亞歷山大的估計，如果解放軍發動大規模的進
攻，他們用於陸上的軍力不會多於 4 萬。中國可能有
50-60 架戰鬥機和轟炸機。面對這樣的兵力，駐港英軍
應該不能夠應付。亞歷山大指出，在 9 月以前，英國
必須作好準備，提高香港軍力。為此，他建議向香港
增兵。陸軍方面，他提出增派第 26 步兵旅和皇家海軍
陸戰隊；空軍方面，則增加戰鬥機中隊和遠程戰鬥機

中隊各一隊；至於海軍則增加輕型運輸船、補給航空母艦和醫療船各一艘，驅逐艦或護航艦4艘。

結果在1949年9月，英軍在香港的兵力已達到4個旅之數。這4個旅的兵力，分別部署在邊界地區（2個旅）、九龍和新界區各主要據點（1個旅）和各區警局（1個旅），協助警察維持治安。（劉蜀永，1995）與此同時，港英政府同時又趕建防空洞，空襲警報系統和重要物資儲藏庫等，以應付任何有可能發生的戰事或變故。

為了帶出英國政府對加強香港防務的承諾，國防部大臣亞歷山大更曾親自來香港，巡察邊境，檢閱駐港英軍；又與港府高層和駐軍將領等，研究防衛香港

1967年夏，在羅湖橋上眺望深圳海關聯檢大樓。圖中兩名香港入境處人員正站在白色的邊境線後。（香港特別行政區政府提供）

的計劃。（香港《星島日報》，1949 年 6 月 3 日）如此種種，旨在表明英國政府無論在行動上和精神上，均對香港的防衛和前途有一定的承擔。英國政府的目的是十分明顯的，他們希望藉着這些舉動，可以提高港英政府抵抗來自中國內地威脅的意志和能力。

雖然英國政府已多次增兵香港，但葛量洪仍嫌不夠，並極力要求英國政府明確表示保衛香港的意圖，認為如果英國政府不如此做，很難指望香港可進入戒備狀態，以應付解放軍的可能進佔。為此，英國外交部發出了“英國政府願意續留在香港”的聲明，明確表達了英國政府會全力保護香港的安全的承諾。（葛量洪，1965）

提高香港戒備

雖然香港的兵力已提升，英國政府會保衛香港的承諾也有了，但港府官員仍心存憂慮，時刻提防着中國政府會收回香港的舉動。為了喚起香港社會的危機和警覺意識，港英政府一方面發動大規模軍事演習，另一方面則在邊界地區實施戒嚴，防止解放軍進攻。首先在軍事和防暴演習方面，港英政府在 1949 年間舉行了多次大規模的軍事和防暴演習，藉以製造社會內部的緊張和警戒氣氛。

據可靠方面消息，本港定本月 27 日深夜開始舉行警察陸、海、空聯合大演習……地區除香港、九龍外，並包括新界……假想暴動為擾亂工廠，炸毀總部，搶糧食，縱火燒陸軍拘留所，進襲警署，奸細圖炸海軍宿舍及某號戰艦。假想敵由新界入侵，破壞橋樑道路等。（香港《星島日報》，1949 年 3 月 23 日）

到了實際演習時期，港英政府出動了大量軍力，實地進行攻擊、防衛等演習，其假想敵，說穿了仍然是中國人民解放軍以及共產黨人在香港"煽動民眾"為主。"假想局勢非常嚴重，敵方似係土匪，但擁有飛機。"（香港《星島日報》，1949 年 3 月 29 日）除此之外，港英政府又在邊境沿線築起長達 107 哩的鐵絲網圍欄，美其名是為了嚴防偷渡入境者，實際上也是為了加強香港的防衛，阻止解放軍從陸路向香港推進。

雖則如此，港英政府仍然驚惶失措，時刻不能安寧。1949 年 6 月 1 日，港英政府宣佈在海陸邊境地區實施戒嚴。按《公共治安戒嚴令》及《公共治安船隻行動令》的規定，在港英政府劃出的邊界戒嚴地區，戒嚴期間內，嚴禁居民出入。居住在該範圍內的鄉民，每日在晚間 10 時後至翌晨 6 時，不論是陸上和海上，均禁止行人及船舶來往。

港府新聞處昨日發出通告：港督現根據 1949 年公共秩

序條例第 9 節及第 12 節之規定，頒佈制定下開陸地戒嚴令及船隻行動禁令，為期 3 個月。計開：（一）陸地戒嚴令，下開新界，戒嚴區域內，不論何人，如非獲得警務處處長或其受權人所發出之書面許可證，於晚間 10 時以後，至翌晨 6 時以前的時間內，須留守戶內，新界戒嚴區域起點，由深圳河口西方沿邊界向東伸展至沙頭角，至是由沙頭角粉嶺交加路汽車路至粉嶺交加路，至是沿粉嶺大路向西伸展至媒婆村（Mai Po Village 即米埔村），又沿大路向南伸展至礎頭（Au Tau 即凹頭）路橋，向礎頭路橋北岸沿東北方至與深灣交界處，復由深灣海岸高潮點向北返抵原起點之深圳河口。

（二）船隻行動禁令：下開新界區域內任何船隻，如非獲得警務處處長或其受權人所發出之書面許可證，於晚間 10 時以後，至翌晨 6 時以前的時間內，禁止行動。該區域包括：（甲）本港領海之深灣海面（后海灣），即由新界西南海岸黑角之東北起而至車頭半島西南角之處。（乙）本港領海之馬士灣（Mirs Bay）海面，即由馬士角（Mirs Point 又稱珍碑岩）北面至卑頭（Bate Head 又稱灘咀），及由巴符頭（Bluff Head 又稱黃竹角咀）東面至加符頭（Gruff Head 又稱香爐碑）。（香港《星島日報》，1949 年 5 月 29 日；Supplement No. 2 to the Hong Kong Government Gazette, 1949: 247-249）

查在上述兩項法令之注釋中，在陸地戒嚴令中，包括由沙頭角至粉嶺交匯處的汽車路，但由粉嶺交匯處至凹頭橋汽車路則不在內。至於船隻行動禁令中，不包括吐露海峽（赤門海峽）至巴符頭西之海面，船灣海、沙田海及企嶺下海。該法令中提出警告：上述法令，由 1949 年 6 月 1 日起生效，而進入戒嚴區內，乃屬嚴重犯例，必要時可能遭受槍擊。因此當局呼籲居民為了顧全本身之利益，在戒嚴期中，不要進入該等區域；至於生活在戒嚴區內的鄉民，如果聽到警員或軍隊巡邏員吹哨或喝令停止時，必須立即止步，並停止任何行動，等待軍警檢查，違者若在行動受嫌疑時仍不停止任何行動，可能會受到槍擊，後果十分嚴重。

透過有形的邊界鐵絲網及無形的水路戒嚴令，港英政府幾乎在香港與中國內地的海陸交界處，高高地豎起了圍牆，嚴防解放軍進攻。另一方面，港英政府又希望藉着這些措施，提高香港市民的警覺性，從而動員駐港英軍的防衛能力，並積極備戰，防止任何可能發生的戰爭或內亂。港英政府積極部署，以備萬一的心態，十分顯著。

收緊社會控制

除了整頓防衛，加強社會備戰氣氛，港英政府對香港社會內部也加強控制，防止共產黨人或親共人士的活動，鞏固其殖民統治。早在 1948 年 10 月，港英政府便已制訂了《公安條例》，目的是針對"煽動騷亂"人士的活動,亦即是防止共產黨員在香港的社會活動。同年修訂的另一條例《教育(第 2 號)修正條例》,則賦予港督和行政局權力,可以用維護"公眾利益"為由,關閉某些學校或取消某些教師資格。隨後(1949 年 2 月底),以共產黨人士為主要骨幹,鼓吹共產主義而有"南方革命熔爐"稱謂的達德學院,遭到當局查封,便是此條例下的第一個犧牲品。(林鵬、丁身尊、吳春泉,1997;鄧開頌、陸曉敏,1997)

1949 年 4 月,港英政府又制訂了《人民入境統制條例》,用以"管制非本港土生人士來港、離港以及在港內的一切活動",包括禁止"有鼓動叛亂或擾亂公共安寧的嫌犯者"入境,或有權將其拘留並遣送原籍。(Supplement No. 1 to the Hong Kong Government Gazette, 1949: 29-41)港英政府針對性地限制人民進出境,目的正是高度警惕國共兩黨人士,會利用香港進行政治活動,使香港陷入中國內地的政治漩渦中,從而影響社會的穩定。

港英政府對共產黨人動員群眾、組織工人的能力一向心存戒懼,為了防止他們在香港動員工人群眾,進行抗議罷工等活動,立法局在同年 4 月通過了《違法罷工與僱傭條例》,禁止一切非法罷工。"香港政府現正進行制定法例,防止非法罷工及'封鎖'工廠,所謂非法罷工者,乃指因工商糾紛以外之動機而起之罷工;或工商糾紛罷工中,雜入其他動機……

此種罷工，有壓逼政府之用意，直接或間接使社會遭受困難……。"（香港《星島日報》，1949 年 4 月 13 日；Supplement No. 1 to the Hong Kong Government Gazette, 1949: 93-96）

5 月 28 日，港府又通過修訂《1949 年社團條例》，規定一切在香港活動的社團必須登記，用以收緊一些政治團體在香港的活動空間，穩定社會安全秩序。"香港政府着手禁止一切與港外政黨有關之組織在本港設立及活動，所有違反社團登記法例之組織，足以影響本港治安及社會良好秩序者，均在取締之列。"（香港《星島日報》，1949 年 5 月 19 日；Supplement No. 1 to the Hong Kong Government Gazette, 1949: 154-163）早在這一條例頒佈前一個多月，港督葛量洪在給倫敦政府的電報中，就建議需要在香港立法，強制所有社團登記。葛氏認為這一立法有利於控制共產黨在教育和勞工界顛覆性的影響。其後，香港警務處註冊官拒絕全港 38 個社團註冊，其法律依據，便是此條例中的第 5 條第 3 項所賦予的權力。該項列明："註冊官如認定本港社團為港外地方創立，屬於政治性質機構或團體之分社或與之聯合或發生關係者，得拒絕其註冊。如認定本港社團似受利用作非法事情，或妨害本港治安、福利或良好秩序情況者，也可以拒絕其註冊。"

8 月 17 日，立法局又通過《驅逐不良份子出境條例》和修訂《1922 年緊急狀態法例》，進一步加強對香港社會的控制。在《驅逐不良份子出境條例》中，當局可藉簡易的審訊方式，判定某人為 "不良份子"，並將之驅逐出境。其中若當事人能證明自己屬英籍人士、香港本土人士或在港居住 10 年以上者例外。而條例中的不良份子，除了病殘、流氓和傳染病者外，尚包括了 "有煽動本港內亂及危害本港治安的嫌疑者"（Supplement No. 1 to the Hong Kong Government Gazette, 1949: 209-215）。至於《1922 年緊急狀態法例》修訂的目的，則是要把觸犯此條例者，判處死刑，也可以令港督會同行政局行使緊急法例所頒佈的各種權力，在與其他法律相抵觸時，凌駕於其他法律之上，達至 "維護香港安全" 的目的。（Supplement No. 1 to the Hong Kong Government Gazette, 1949: 216-217）

1949 年 10 月 19 日，港英政府更修訂《遞解外國人修訂法例》。有鑑於原本的遞解條例手續較為繁複，港英較難針對性地對某些 "危害香港安全" 的人士迅速將之遣送出境。因此，港府修改法例，在新例賦予的權力下，港督會同行政局可於特別情形下，為了維護公共安全起見，頒發簡易遞解令，將嫌疑者遞解出境。但條例對於 "受英國保護人士（英籍或本土出生者），則不能視作外國人而將其遞解"（香港《星島日報》，1949 年 10 月 20

日；Supplement No. 1 to the Hong Kong Government Gazette, 1949: 235-247）。

12 月 30 日，港英政府公佈《緊急（主要）條例》，即予港英當局特殊權力，不必宣佈香港進入緊急時期，便可宣佈某些緊急條例有效，應付時局。條例同時賦予香港警務處長更大權力，必要時可限制任何人的行動，又可以藉此更加嚴格地管制印刷和出版等事宜，防止鼓吹民族主義、共產主義或反抗港英政府的言論。（Supplement No. 1 to the Hong Kong Government Gazette, 1949: 61-63, 216-217）

至於港英政府收緊對香港社會內部的控制最重要的政策，首推在 1949 年 8 月 3 日提出，並分別在 8 月 10 日，8 月 17 日二讀及三讀通過的《人口登記條例》。此條例的涵蓋面最廣，對日後社會的影響也最大。根據該條例，港府強制登記所有入境者及本土居民，並發給身份證，以資證明。條例更列明在執行時，港英當局可隨時搜查居民的身體、住宅及財物，並可以拘留或逮捕可疑人士。該條例除了能夠收緊限制當時人口流徙和監察市民活動的功效外，更加開始了香港的身份證簽發制度，對香港居民的日常工作和生活、移民和旅遊，以至身份認同上，均帶來巨大而深遠的影響。

事實上，港英政府推出身份證的目的和動機，大略可從草案所列舉的目標與原因（Objects and

Reasons）中理解。按當時的律政司祁利芬（J. B. Griffin）便已精簡地道出《1949 年人口登記條例》作為香港全盤防衛策略中的重要性。他說："……當局此舉乃在配合本港之全盤防衛計劃，亦為開埠以來之第一次（事實上，日佔時期已有此措施）。將來嚴密登記之後，對於居民衣食和居住所需之統籌分配及其行蹤動態等，均可得一可靠之參考資料。"（香港《星島日報》，1949 年 7 月 27 日）換言之，身份證制度除了可以視作是香港社會全盤防衛計劃的一部份外，也收到監視市民行動，調動物資的作用，是港英政府統治的重要手段。

人口激增

然而，如果我們說身份證制度的推行，純粹是為了達到軍事性或政治性的目的，是港英政府為了防範中國政府收回香港所部署的"必不可少"措施，又未必可以反映出事實的全貌。從當時社會的現實環境上看，這制度的推行，本身也有其內部需要。首先，自從香港重光後，人口便不斷膨脹，當中絕大部份是由內地南下逃避戰亂的。到 1949 年下半年，中國內地解放在即，湧入香港的人數，更加綿延不斷。

本港市民人口數目，光復以來迭有增加，去年（1948

戰後香港人口激增，其中包括從外地湧入的難民。圖為 20 世紀 70 年代末大批越南難民自水路進入香港。（香港特別行政區政府提供）

年）全港人口總數達 1,800,000 餘，比較在光復期間已達 3 倍有奇。本港人口增加與年俱進，倘華南戰爭一旦發生，預料湧到香港人口當繼續有增加之可能⋯⋯（當局）估計本港人口數目，重光時之本港人口約數不逾 60 萬名，但去年（1948 年）之人口，約有 1,810,000 名⋯⋯為該年（1945 年）9 月者之 3 倍矣。（香港《星島日報》，1949 年 1 月 31 日；見表 3.1）

表3.1　1931-1949年的香港人口增減狀況

年度	香港總人口	每年增長（減）比率＊
1931 年 3 月	840,473	—
1932 年年底	900,812	7.18
1933 年年底	922,643	2.42
1934 年年底	944,492	2.37
1935 年年底	966,341	2.31
1936 年年底	988,190	2.26
1937 年年底	1,281,982	29.73
1938 年年底	1,478,619	15.33
1939 年年底	1,750,256	18.37
1940 年年底	1,812,893	3.58
1941 年 3 月	1,639,337	（9.57）
1942 年 9 月	1,022,773	（37.61）
1943 年年底 #	900,000	（12.00）
1944 年年中 #	750,000	（16.67）
1945 年 8 月 #	600,000	（20.00）
1946 年中旬 #	1,560,000	160.00
1947 年中旬	1,750,000	12.18
1948 年中旬	1,800,000	2.86
1949 年年底	1,960,000	8.89

日佔時期及重光初期的人口流動太大，因此，數字只是大約數字。

＊比率部份，為本書作者所計算。

資料來源：香港《星島日報》，1949年1月31日；《香港年報》，1946-1949。

到 1949 年年底，香港人口已攀升至接近 200 萬人。從香港人口增減的數字上，我們可以看到戰爭對人民流動的影響。1937 年，當日軍入侵中國東北時，很多難民便從內地湧到香港。1937 年、1938 年及 1939 年，

香港人口增長率均是雙位數字的。到 1940 年底，戰禍
蔓延到南方，香港也逐步受到戰爭的威脅。1941 年 12
月，日軍入侵香港，英軍抵抗十多天後失守，香港陷
入日軍之手。在日軍的殘酷統治下，很多市民遭到殺
害，也有很多逃回內地或其他地方，再加上日佔政府
銳意疏散香港人口，推行歸鄉政策，香港人口銳減。
在日佔時期，香港人口減少的速度，同樣是雙位數字
的。香港人口由戰前 160 萬人急跌到 1945 年 9 月的只
有約 60 萬人，香港總人口足足減少了 100 萬人有多。

　　和平後不久，中國內地又再陷入內戰。1948 年
起，共產黨已有取代國民黨之勢，大量難民又再湧到
香港，新一輪的難民潮已有山雨欲來之勢。1948-1949
年間，人口增加的比率已接近一成。港英政府面對這
些不斷湧現的難民，深感困擾。若難民沒法制止，或
者對難民的資料沒法充分掌握，將會為香港的公共衛
生、食物用水、工作就業、教育醫療、居住交通以至
社會治安等，帶來巨大壓力。很明顯，若果港英政府
不能將這些新來人口登記，再在公共政策和規劃上作
出適當的配合，將會給社會製造更多問題和帶來更多
挑戰，危及社會穩定。

治安不靖

　　其次，香港重光初期和國共內戰期間，香港的社

會治安也十分惡劣,對香港歷史有深厚認識的吳昊便以"戰後香港治安惡劣,盜賊多如牛毛"來形容。(吳昊,1999)香港治安不靖,匪徒成群結黨,動輒刀槍相見,打劫、搶掠、殺人等時有所聞。例如"沙頭角19日凌晨發生股匪藉夜偷襲"(香港《星島日報》,1948年7月22日)、"歹徒結隊出沒深圳勒索打單,商民不勝其擾"。(香港《星島日報》,1949年6月1日)為此,香港警方曾多次出動大規模殲匪活動,又與深圳治安單位合作,在沿邊境一帶大力清剿匪幫。

自新界迭連發生匪徒襲擊之事件後,雖經日前深圳邊區防衛所將匪徒圍剿,擊斃匪首及生擒4匪就地正法。但新界警方對於今後區內之治安,已取嚴密注意態度,除加派華警2百名分調各警署協助外,最近更調出新緬甸來之緬甸軍隊數10名,分配各警署協助防衛。並於昨日下令,着邊區之沙頭角、打鼓嶺、落馬洲3區鄉民,持本人照片到警署登記,領取身份證。(香港《星島日報》,1949年5月27日)

為了肅清賊匪,維持社會治安,港英政府在新界地區早已規定鄉民領取個人身份證明文件,例如通行證、鄉民證和身份證等。這些嚴厲的措施,雖然沒法子完全杜絕匪徒的橫行,但對邊界地區的治安,還是有正面作用的。有見及此,港府乃有構思將計劃推展至全港,要求所有居民均須登記並領取身份證,藉以作為防範罪案、整飭治安的一項重要措施。

結語

　　總結而言，1949 年是一個十分重要的年頭，不論是在中國內地或在香港，都經歷着巨大的轉變。在這些重大的變動中，我們往往只把注意力集中於軍事、政治和經濟方面，而忽略了社會民生上的措施。事實上，很多影響香港居民的人身自由和社會治安的政策，就在這一年產生的。其中影響全港市民的《1949 年人口登記條例》，便是打着"防止外力入侵、統籌居民衣食所需"的旗號，匆忙上馬的。從那時起全港市民，便必須向當局登記並領取身份證。若然我們可以深入一點看，便不難發現此制度的實施，其實是港英政府為了收緊社會活動空間，控制人民活動，從而達到防止共產黨人在香港進行活動，監察市民生活，防止社會動亂這一重要的統治目標。

第四章 簽發香港身份證的法理依據

引言

　　身份證作為市民大眾的一種重要文件，它的推行，必須有充分的法理依據。在日佔時期的軍法統治下，當時的香港佔領地總督，不必透過什麼立法程序，便可以根據當時的社會情況，以公告形式，推出任何政策。日佔政府在 1945 年推行的住民證政策，便是根據當時的總督田中久一的《公示第十五號》頒行的。但在香港重光，軍法管治結束後，港府所推行的重大政策，均須按當時的立法程序，由立法局三讀通過，才正式施行。身份證制度的頒行和改動，同樣經歷過這一立法過程。本章將會集中討論這些法律依據和社會轉變。

《1949 年人口登記條例》

　　查規定所有香港市民必須領取身份證的法理依據，始自《1949 年人口登記條例》。該條例在 1949 年 8 月 3 日，以草案形式由當時的律政司在立法局提出首讀，8 月 10 日二讀，到 8 月 17 日三讀通過，並於翌日公佈正式實施。該條例規定除海陸空軍、警務人員、港督特許者，以及未滿 12 歲的兒童以外，其餘的香港居民，一律要到指定機關登記、交照片、打指模及辦領個人身份證。（元邦建，1993：209-214）在該條例中訂明：

第四條：（1）除須遵照第十五條（2）項之規定辦理外，凡於本例施行時居留本港或於此時之後進入本港者，須申請依本例定登記。……

第五條：（1）無論何人在依第四條（2）項規定頒發命令後進入本港，而其人係屬於該令指定職業或種類者，須於范港後 7 日內依本例規定申請登記。

（2）無論何人在依第四條（2）項規定頒發命令之日非屬於該令指定職業或種類，而繼後則成為此項職業或種類者，須即依本例規定申請。

（3）凡依本條例申請登記，須依令內指定方法及手續為之。

第六條：登記總監須依所指定者設置登記冊，備載登記人姓名及其他詳細事項。但登記事務官如有理由相信申請人所報事項有重大虛偽所為者，得拒絕登記其姓名及詳細事項，如已登記，得予以刪除之。

第七條：凡依本例規定申請登記者，依法得着令申請人向指定人員印手模及攝取照片。

第十二條：任何人士：

（1）沒有按第四條及第五條的規定申領身份證；

（2）沒有印上指模和照片；

（3）沒有遵從第八條向登記官提供資料；

（4）持有假冒證件；

（5）擅自更改證件內容；

（6）沒有合理解釋持有多於一張證件⋯⋯

均屬犯法，最高罰款 2 千元及禁監 1 年。

第十三條：僱主必須代員工向人口登記局登記。

第十四條：任何持證人若遇：

（1）更改住址或家庭成員人數；

（2）更改職業等必須向人口登記局匯報。

第十五條：以下人士可以豁免在本法例規限之外：

（1）港督及其家人；

（2）英皇常備海軍、陸軍和空軍⋯⋯；

（3）香港警察隊；

（4）任何持有有效護照或過境文件而在香港只屬過境人士；

（5）兒童年齡在 12 歲以下者⋯⋯

（Supplement No. 2 to the Hong Kong Government Gazette, 1949: 393-411）

除了以上條文外，港英政府也頒佈相關則例，嚴格規定市民在登記及領取身份證之時遵從，當中更申明僱主必須每月向人口登記局匯報人口變動等，否則便屬違法。俟後，每到更換新身份證或人口登記時，港英政府均會再頒佈修訂條例，以補充原條例或附屬則例之不足。但其法律上的基礎和精神，則仍以1949年之條例為圭臬。

從《1949年人口登記條例》的訂立和施行，我們可以充分了解港英時期立法局作為"橡皮圖章"的形象和事實。該條例在1949年8月3日由律政司祁利芬提出時，本身在草擬上便是十分倉卒的，至於在社會層面上的諮詢，就更加欠奉了。草案提出後，社會上的意見不少，其中有關強令市民打指模一項，更是反對強烈，可惜這些聲音並沒有出現在立法局。在立法局的會議上，議員的辯論和質詢並不多見，只是一面倒地通過。在二讀時，也只是修改了部份在草擬時因考慮不足而忽略了，但又不太重要的地方，修訂動議也是由律政司本人提出的。例如在第二條中定義"僱主"時，再加入"專業的、社會的"於"教育的"和"商業的"之間。另外，在第十二條的次部份第6節中加入"任何人士沒有合理原因而持有多過一張身份證或除了本人身份證外，倘藏有他人身份證"等規限。至於中文名稱"身份證"三個字，也是在二讀時因為擔憂大部份華人不太認識而加上的。（Hong Kong Legislative Council, 1949: 236-7）以上各點也間接反映出草案的擬就和提交，是在匆忙的情況下進行的。

然而儘管草案的細節多麼欠缺周詳考慮，港英政

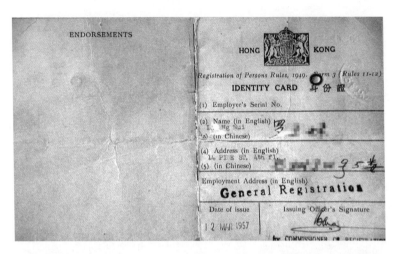

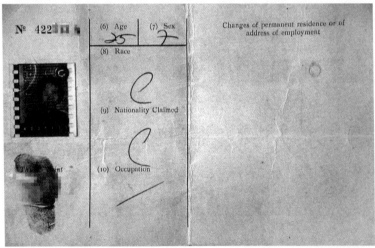

香港於 1949 年開始簽發第一代身份證。最初的身份證是用硬質的紙張製造，證上並未顯示期限。（香港特別行政區政府提供）

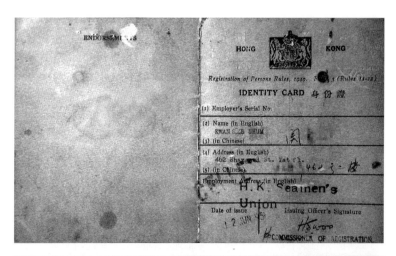

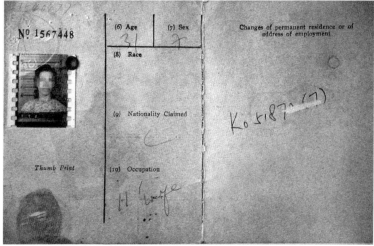

第一代身份證除了紙質之外，共分有黃、粉紅和淺藍等三種顏色。（香港特別行政區政府提供）

府希望藉身份證制度管制市民的動機和目的，卻是十分強烈的。因此，就在 8 月 17 日，即草案提出後的第三個會議上，便按立法程序十分順利地三讀通過而成為正式法例，並於翌日執行。這麼關係重大的條例，由草案形式提交立法局，到通過成為法例，再到推行，前後不到 15 天而已，港英政府立法意圖之堅定以及推行之急速，已清楚不過了。

事實上，這項條例並非簡簡單單或一些微不足道的法例，相反卻是一條關係整個社會福祉、個人行動和個人私隱以至社會整體發展的重要事情，加上當時社會上對身份證制度，在很多方面如設計、攜帶、申辦手續等均有很多不同意見，但港府似乎不太理會。就算是當時的立法局議員羅文錦爵士，也表現得十分無奈。"關於人口登記，香港政府為應付緊急時期之治安，便於施行糧食及其他物品之配給，故此項措施，勢在必行。至於打指模一事，是否可以改變其他變通方法代替，他（羅文錦）不得而知。惟於日前他已向港府當局轉達本港居民對此之意見，以供港府參考。"（香港《星島日報》，1949 年 8 月 11 日）但草案還是最終在立法局以絕大比數通過。立法局 "保皇、護主" 的橡皮圖章形象，相當鮮明。

至於從《1949 年人口登記條例》的內容中看，我們更加可以掌握港英政府藉簽發身份證控制市民的目的。除了規定所有市民必須申領，在政府部門中存有個人檔案外，該條例的附屬規例更規定持證人如遇更改個人住址、家庭成員人數增減以至變更職業等，均須作出呈報。就算沒有任何變動，各區或機構也須按月提交月結報告，這樣，當局便可以充分掌握市民的活動和去向。

昨日該局某高級職員語（告訴）記者："凡已領有身份證之登記單位，每月月終，須按照本局所發給之 A、B、C 三種月報格式紙，按月填報其所屬人口之異動。如遷移住址，如離職改業，如死亡他往等，均須詳細填報，即一個月內毫無人事邊變，亦須於表內註明'本月份並無異動情形'而繳交本局。若此，本局始能明瞭各單位於該月內的人事狀況，倘不依照規定按月填報，則屬違反人口登記則例，是屬違法行為，當局隨時可將其僱主提出起訴，施以最高之懲罰。除須繳納 2 千元外，另須監禁 1 年。"（香港《星島日報》，1951 年 1 月 14 日）

從這個角度上看，我們不難發現條例作為控制市民生活，限制個人行動上的一些蛛絲馬跡了。

《1960 年人口登記條例》

自 1949 年底推出香港身份證開始到 1960 年，很多香港市民的身份證已經破損不堪了，加上有些人的

"唔該，笑！"在 20 世紀 70 年代，香港市民申請身份證拍照時的情況。
（香港特別行政區政府提供）

入境處早年曾設立流動辦事處，方便居住於偏遠地區的市民辦理登記身份
證的手續。（香港特別行政區政府提供）

樣貌，隨着年齡的增長而改變，使原本的身份證出現很多漏洞。有見及此，港英政府在 1960 年 5 月 27 日再度刊憲，宣佈全港市民需要重新登記並簽發身份證，該條例合共有 27 條，是為《1960 年人口登記條例》。條例除了部份細目作出較大修訂，以適合當時社會現況外，其他部份，仍與《1949 年人口登記條例》相若，該條例中較為重要的規定如下：

第三條：（1）全港市民，除第十條內列明豁免者外，其他人士必須重新登記。

（a）若該人在港，則必須在法例執行時起的 30 日內登記；

（b）如屬剛入境，則須在入境後的 10 日內登記。

第四條：（1）申請人年滿 17 歲以上者必須：

（a）提供合理和必要的步驟，向登記官攝取照片；

（b）提供合理和必要的步驟，向登記官蓋上指模或簽署；

（c）提供個人資料如：姓名、住址和商業地址、報稱國籍、出生地、年齡和性別、婚姻狀況、兒女、專業、行業或所屬貿易等，以供存檔。

第六條：任何人士年滿 17 歲，也必須在 30 日內，歸還其兒童身份證並根據第一條的（4）項申請成人身份證。

第十一條：（1）港督會同行政局命令全港市民必須登記並攜帶其個人之身份證。（2）警察或其授權人有權要求任何年齡在 6 歲以上人士出示身份證以備查檢，違者便屬觸犯本法例。

第十二條：任何人士擅自塗污、更改或破壞身份證，也屬犯法。

第十三條：（1）如發現遺失或破損情況，必須在 30 天內，向人口登記局申報。（2）經人口登記局長調查屬實後，補發新身份證予申請人……

第十九條：（1）任何人士：

（a）如不按法例規定登記和領取身份證；

（b）提供虛假資料；

（c）獲取或持有多於 1 張身份證；

（d）違反本條例之精神、規定或要求……均屬違法。

（2）任何人士觸犯上述法例而一經定罪，最高罰款 1 千元及禁監 6 個月……

第二十五條：根據第二十四條的規定，任何人士必須向登記局長提供照片和指模，以存檔案。

第二十六條：（1）除港督及其家人；

（2）正規軍隊；

（3）警察。

（4）持有合法證件而臨時過境旅客……

其他人士均須登記及領取身份證。

第二十七條：（1）成年身份證辦證費用每張 1 元。

（2）11 至 17 歲兒童免費。

（Supplement No. 2 to the Hong Kong Government Gazette, 1960: 123-136）

相對於 1949 年，條例修改得更為清晰細緻，這些較為進步的方面有：（一）將兒童和成人身份證分開，小童由 6-16 歲，成人則 17 歲或以上；（二）新入境者，也規定必須在抵港的 10 天內，向當局辦理人口登記及領取身份證；（三）辦領身份證也開始實施收費，以減低政府的財政負擔；（四）身份證的設計和規格，更加精美和切合現實需要。（詳見本書第六章）

《1973 年人事登記（修訂）條例》

由於兒童身份證上並沒有標示持證者的年齡和照片，因此使兒童在求學、外遊或工作上帶來很多不便，社會上普遍認為兒童身份證應該與成人身份證看齊，載上持證人的照片和重要個人資料，以資識別。1973 年，港英政府就人事登記條例內的某些章節，再次作出修訂，以配合當時的社會情況。現將其中部份較重要的修訂內容，撮要如下：

新規例的第三點將原有規例第三及第四條撤銷，新訂規例的第三條要求任何入境人士（豁免者除外）必須抵港後的 30 天內，向當局登記。原本在新規例的第二十五條中豁免登記之人士，一俟其豁免期告終，亦必須在期滿後的 30 天內登記。在"家屬"一詞的定義，指出任何年齡在 11-18 歲之人士，必須由家長或監護人陪同前往登記辦領。

1974 年 11 月，在一名高級入境事務主任陪同下，一輛專車正首次把於邊境被截獲的非法入境者遣返內地。（香港特別行政區政府提供）

　　新條例第六條授權人事登記處處長將已經失效而不需用之相片、指模及相關記錄銷毀，避免個人資料外洩。新條例第八條將必須遵守原第十一條（1）項之命令，須要攜帶身份證之年齡由 6 歲提高至 11 歲。根據新條例第九條之規定，凡持有塗污之身份證或使用他人之身份證者，均屬犯法。任何人士，如其身份證已告遺失、毀滅、損壞等，必須申領更換。新條例第十八條內也載有新身份證之修訂式樣，兒童身份證上也附上個人照片，與成人身份證的格式劃一，使身份證制度的體制，更加完整和統一。（Supplement No. 2

to the Hong Kong Government Gazette, 1973: 496-506）

《1983 年人事登記（修訂）條例》

在 1980 年 10 月 26 日起，港英政府廢除 "抵壘政策"，打擊非法移民便成港英政府的頭等大事。同年，港英政府立法規定所有香港 15 歲居民必須隨身攜帶身份證，警察也加緊截查。但當時的香港身份證在設計上易於假冒，使不法之徒有機可乘，而整套身份證核查制度，也不能配合當時的需求。有見及此，港英政府於是在 1983 年推出一套更具時代感的電腦身份證，以縮短警方在截查身份證時的時間及杜絕和防止假冒的身份證。按港英政府計劃，該換領手續會在 4 年之內完成為全港市民更換電腦身份證。為此，立法局在 1983 年 5 月通過《1983 年人事登記（修訂）條例》，讓當局得以推行該項更換行動，以取代當時市民所持之舊身份證。此項措施所需之權力，主要由法例的第五條所賦予的，這些新修訂的條例如下：

第七 B 條，授權港督飭令身份證之任何類別持有人，必須申請安全防假冒的新身份證。此條款將容許當局在適當時候，分階段為全港市民更換新身份證。第七 C 條，授權港督得按身份證號碼、或持有人之類別，宣佈原有身份證無效，並要求居民分批前往換領。此條款亦容許當局在實施換發新式身份證時，可

在 1980 年 10 月 26 日起,當"抵壘政策"撤銷後,內地非法進入香港境內的人士都會被即捕即解,故在此之前吸引了不少人士前往金鐘華人延期居留辦事處輪候登記領取香港身份證。(香港特別行政區政府提供)

入境處人員經常到工廠及建築地盤巡查，以打擊非法勞工。（香港特別行政區政府提供）

逐步淘汰該等舊式身份證。

　　該新修訂條例更加列出原有之人事登記規例，將某些細則也作出若干修訂，例如：新身份證的格式、有效期屆滿事宜、只限五年內提出相關起訴的規定，以及有關責任、違例事項及罰則等。對於這些細則之修訂權力，原有條例未觸及之處，新法例第四條予以補充。簡言之，《1983 年人事登記（修訂）條例》的修訂，只屬因應新換領計劃而作出一些細節上的變動，原本條例之精神和原則，並沒有改動。

《1987年人事登記（修訂）條例》

就在更換電腦身份證的過程中，中英兩國政府就香港前途問題展開了談判，並於1984年達成聯合聲明。到了1986年，兩國更就香港市民的身份證達成共識，並在北京簽署了有關香港政權交接期間就身份證明文件安排上的協議。為了配合該協議，港英政府立法局在1987年4月，再度修訂《人事登記條例》及其相關的《入境（修訂）條例》，這便是香港第一代電腦身份證簽發不久便重新換領身份證的主要原因。

在《1987年入境（修訂）條例》的第一A部份第二A條中，清楚列明香港永久居民的權利如下：

（一）入境權；

（二）免受居留權利限制；

（三）免受當局遞解出境；

（四）免受當局遣送離境。

條例同時也就香港永久居民身份，作出定義和解釋。根據該條例中的第二十八條的第1附表——香港永久居民分類表——規定，以下四類人士可屬香港永久居民，他們分別是：

（一）在港居住7年以上的全部或部份中國血統人士；

（二）本身為英國屬土公民而又符合 1986 年香港（英國國籍）令規定而與香港有關係人士；

（三）英國屬土公民與香港以外的任何其他英國屬土有關係人士或與上述第二類人士成婚的人；

（四）香港本土人士。

香港永久居民身份證不適用於香港非永久居民。那些居港未滿 7 年的新移民，在換領新身份證時，只能領取香港身份證，該證不注有居留權，因而不能享有永久居民身份的權利，並且必須依時向入境處辦理延期手續。（Supplement No. 1 to the Hong Kong Government Gazette, 1987: 138-146）

至於《1987 年人事登記（修訂）條例》則主要規定所有香港居民必須自 7 月 1 日起，分批重新換領身份證，以便 1997 年 7 月 1 日之後，可以繼續使用，直至特區政府重新頒佈新身份證止。新條例的特點主要在於修訂所有含有殖民地色彩的字眼，例如用詞、徵號和格式等，以符合 1997 年後特區政府的需要。其次，新條例也規定在新的"香港永久居民身份證"上，要清楚印上"本證持有人擁有香港居留權"的字句；至於"香港身份證"上，則沒有這些字句。

條例同時公佈自憲報刊登後（7 月 1 日起）更換新身份證的手續，並賦予港督權力宣佈原有之舊身份證無效，任何香港居民，必須按政府公佈的各年齡組別換領期限，前往各指定辦事處辦領。（Supplement No. 1 to the Hong Kong Government Gazette, 1987: 147-153）

《1999 年人事登記規例》

回歸初期的《人事登記規例》，則是 1999 年第 71 號第三條修訂的，該條例只根據原本的《人事登記規例》作出某些字面上的變動而已，基本精神和方向，則沒有多大改變。根據《人事登記規例》第 177 章附屬法例第十一條的規定，在香港特區內的市民，仍然有攜帶及出示身份證的責任。現將細節詳列如下，以備參考：

（1）行政長官會同行政會議可在憲報刊登命令，規定每 1 個人，或規定在該命令所指明的界別或類別中的每 1 個人，須在命令所指明的地區或地方、場合或情況下，或須為命令所指明的目的攜帶其身份證。

（2）在根據第（1）款作出的命令有效期內，獲警務處處長為此目的而授權的人或某一界別的成員，以及警務人員、入境事務隊成員在穿着制服時或在出示授權證明後（如需要的話），可規定命令所指的人在被要求下出示其身份證，以供查閱。

（2A）根據本條作出的命令規定必須攜帶身份證的人，如根據本條規定在被要求下須出示身份證而未有照辦，即屬犯罪，可處第 2 級罰款及監禁 1 年。

（3）為識別起見，警務人員或獲上述授權的人，在根據第（1）款作出的命令有效期內，可隨時印取他相信年齡是 11 歲或以上的人的左拇指指紋（如不可能，即印取另一隻手指的指紋）及取得其親筆簽署（如該人能書寫的話）；而根據規定須簽署及印取指紋的人，須遵循一切取得指紋及簽署而合理必需的步驟。

在此也詳細列出《人事登記規例》第 177 章附屬法例第四條的有關規定，從中可看出香港特區內的市民在登記及換領第一代智能身份證時的一些細節。這些細則，大略如下：

（1）遵循合理需要的一切步驟，以——

（i）按照登記主任所給指示拍攝其本人照片；

（ii）印取其左拇指指紋，如不可能，則印取另一隻手指的指紋，並予以記錄。

（2）採用登記主任規定的表格，向登記主任提供以下詳情——

（i）申請人的姓氏及個人名字的全寫；

（ii）申請人在香港的居住地址及業務地址（如有的話），及通訊地址；

（iii）申請人聲稱的國籍；

（iv）出生地；

（v）出生日期（如知道的話）或年份，及出生證明書或領養證明書（如適用的話）的號碼；

（vi）申請人的性別；

（vii）如屬進入香港的人，則在進入香港前曾連續居住6個月或以上的每個國家或地方；

（viii）如已婚者，則填上配偶的姓氏及個人名字的全寫及身份證（如有的話）號碼；

（ix）子女（如有的話）的姓名及個人名字全寫、年齡及性別；

（x）申請人的專業、職業、行業或僱傭情況；

（xi）所持有的旅行證件或根據《入境條例》（第115章）發出批准其留港的證件；

（xii）與根據本段提供的詳情有關而登記主任認為有需要進一步提供的詳情；（除此以外，申請人）並須在表格上指定的位置簽署，以確認所填報的詳情內容屬實。（《1999年人事登記修訂條例》，1999）

另外，當香港市民申請第一代智能身份證時，仍須和以前一樣遵從其他相關規例及其附屬法例，向特區政府提供最基本的個人資料，以備政府當局存檔。

由於身份證已經發展成為香港市民在生活上必不可少的證明文件，而證件內更有很多個人重要資料，因此為了防止執法者濫用，當局同時制訂了相關法律，約束執法單位如警察或其他商業機構等。警察在查閱市民身份證時，同樣必須遵守一定的規則，以免侵犯個人私隱或基本公民權利。這些細則包括：

（一）警員只可向被查證者詢問相關問題。

（二）警員須向被查證者解釋理由。

（三）警員須將查證之詳情記錄在其事件記事冊內。

（四）除核對身份證的有效性外，警員若要通過警方的電腦系統查取被查證者的資料，該人必須是被通緝、有暴力傾向或報稱失蹤者。

（五）警方的電腦系統亦會同時記錄警員在查證時曾獲取的資料，以便若警員遭受投訴時有記錄可查。

（六）根據個人資料私隱條例，被查證者是有權向警員索取一份在查證時記錄下來資料的複印本。（黃江天，2000：62）

作為一個精明的香港市民，當警察要求查視身份證時，除了要盡一己之義務，與執法人員合作之外，也應該明白自己的權利，適當地保護自己，以免個人權利或私隱遭到侵犯。

香港法例第 177 章《人事登記條例》

在 2003 年，針對社會發展已經有了巨大變化，個人資料容易收集和利用，特區政府在原來法例基礎上作出相應修訂和增補，主要目的在規管身份證使用詳情及備存紀錄上的限制，加強保障個人私隱。相關修訂和增補內容如下：

第9條：使用詳情及就詳情備存的紀錄的限制

在符合第 11 條的規定下——

（a）根據本條例向登記主任提供的詳情可並僅可用於使處長能發出身分證以及就該等詳情備存紀錄的目的；

（b）（a）段所提述的紀錄可並僅可被用於以下目的——

（i）使公職人員在執行公務時能核實個人的身分；

（ii）使能為任何其他合法目的而核實身分；或

（iii）藉或根據任何條例授權、許可或規定的目的。

（由 2003 年第 9 號第 7 條增補）

10. 核證及提供核證副本的權力

登記主任收到身分證所關乎的人提交的由該人簽署的書面要求（如該人居住於香港以外地方，則須連同該人經公證人恰當地認證的照片一張及左拇指或右拇指的指紋或登記主任要求的其他手指的指紋的印本一份）及《人事登記規例》（第 177 章，附屬法例 A）附表 2 所訂明的適當費用後，可——

（a）就他所知，對書面要求所載關於該人的事宜的準確性或其他方面，予以核證；及

（b）提供由他保管的該人照片或有關文件的核證本。

（由 2003 年第 9 號第 7 條增補）

11. 不得披露照片、指紋及詳情的責任

除第 10 條另有規定外，登記主任——

（a）不得出示根據《人事登記規例》（第 177 章，附屬法例 A）的條文登記的人的照片或其指紋以供查閱，或提供上述照片或指紋的副本；或

（b）不得披露就根據本條例向登記主任提供的詳情而由處長備存的任何紀錄，或提供該等紀錄的副本，除非獲政務司司長書面批准，則屬例外；該書面批准——

（c）可以指名、指明職位或種類的方式，提述某人或某界別或類別的人；

（d）可載有政務司司長認為適宜施加的條款及條件；及

（e）必須述明給予批准的理由。

（由 2003 年第 9 號第 7 條增補）

12. 禁止未經授權處理詳情

任何人無合法授權或合理辯解而取覽、儲存、使用、披露、除去、取消或改動就根據本條例向登記主任提供的詳情而由處長備存的任何紀錄，即屬犯罪，可處第 5 級罰款及監禁 2 年。

（由 2003 年第 9 號第 7 條增補）（《電子版香港法例》）

結語

總結而言，《人事登記條例》及其相關法律條文，在過往的半個多世紀內，曾經出現過不少變動，這些修訂，主要是基於社會發展的轉變和需要。自日本在 1945 年 8 月投降後，香港社會仍然面對很多挑戰。

1946-1949 年，戰雲密佈的中國內地自然給香港這彈丸之地帶來巨大的衝擊；共產黨解放中國內地之初，朝鮮戰爭爆發。為了圍堵中國，以美國為首的西方世界對中國內地施以貿易禁運，這種經濟制裁政策同樣衝擊着香港。另外，一次又一次的大規模難民潮更把香港這個細小的城市"擠得水洩不通"，令香港成為世界上人口最稠密的地方之一了。20 世紀 60-70 年代，香港經濟起飛，社會漸漸富裕起來，生活模式隨之轉變。衣食住行、吃喝玩樂，香港樣樣皆有、式式俱備，因而贏得"美食天堂"、"東方之珠"等美譽。踏入 20 世紀 80 年代，有關香港主權問題開始被提上中英兩國的談判桌上，另一場歷史巨變隨之而至。1997 年 7 月 1 日，中國政府對香港恢復行使主權，舉世觸目，全城慶賀，香港的歷史也展開了新的一頁。在以上無數重大的轉變中，控制人口變動、記錄香港人身份的《人事登記條例》以及其相關制度，也亦步亦趨、如影隨形，與社會環境相配合和相適應。回頭檢視，我們發現正因為香港政府在政策上可以做到因時制宜、靈活變通，香港才可以走上成功的路途。

第五章 香港身份證的推行過程

引言

　　香港身份證制度在 1949 年 8 月 3 日由律政司祁利芬以草案形式提出，至 8 月 17 日通過，成為正式法例，然後開始推行，自此，香港市民對身份證問題的爭議，便持續不絕。在當時的環境下，由於身份證概念較新，並不是人人可以接受的。往後，港英政府在身份證的設計、規限和應用上多次作出修改，使身份證受市民接受的程度愈來愈高，身份證最終發展成為人人均有一張，並時刻攜帶的東西，有關推行過程並非順風順水、一蹴而就的。本章將會主要討論這個推行的過程和各種轉變。

香港身份證推行初期

　　若要了解港英政府在 1949 年推行身份證的過程，我們一定要從該條例以草案形式提交立法局討論審閱開始談起。1949 年 8 月 3 日，律政司向立法局提交了《人口登記條例》草案，草案內的條例規定，任何香港市民均須申領身份證，旅客在入境 7 日內，也要辦登記手續，違者將罰款 1,000 元或被判以 6 個月內有期徒刑。就此項提案，當時的報章均有廣泛報導。其中香港《星島日報》最為詳盡。現將其主要部份節錄如下：

港府立局今（3）日下午 2 時半，舉行例會，席間將討論一項有關人口登記之重要法案。該法案屆時由律政司祁利芬提出首讀，訂名《規定人口登記與簽發身份證及有關事項條例》，簡易為《1949 年人口登記條例》。條例內共有條文 16 款並附列《1949 年人口登記規則》18 項，其中又刊有僱主代登記呈報之格式，申請人之填報格式及身份證之格式和樣本。查當局此次草擬人口登記法，厥為本港現有之立法，並無一項可使當局保存一份人口登記冊或規定發出個人之身份證者，現鑑於世界政治經濟情勢之不寧，須實行一種律例，俾能登記本港人口，及給予一種身份證明，此乃立法之原有目的。使隨時因必要維持法律及秩序與糧食物品之分配等任何措施，獲得授助。本法案即為應付該等需要。法例內第四款（甲）規定本條例實施後，任何本港之市民，均須申請登記，來港旅客於入境後 7 日內亦須登記。第十五款內又規定，海、陸、空軍，正規警察，過境旅客及持有護照者，與 12 歲以下兒童，可免登記……人口登記中又規定申請人須印指模及附貼照片……違犯本條例之處罰，將為簡易判罪時科 1 千元以下罰款，或 6 個月內有期徒刑。（香港《星島日報》，1949 年 8 月 3 日）

草案一提出，社會上便開始有議論的聲音。當時的香港《星島日報》更就港英政府一連串重要政策和大規模人口登記提出評論。社論認為當時經濟疲弱，港英政府應該集中精力於改善營商環境，而非以登記人口，作為整飭治安的手段，以達致防範中國內地的政治轉變的真實目的。

> 香港近來有幾項措施，似乎着重政治方面……在政治方面除了增軍加強防衛力量，使居民更加增加安全感與信心……關於政治性措施，遠者如社團登記條例，近者如限邊啟德機場的中航修理廠，以及1個多月前便已考慮的居民登記，提交立法局首讀通過，這些措施，雖不免會使人想到似乎含有政治意義……在人口登記條例（方面），提出立法局時，律政司便這樣解釋其目的，"世界各地，現不幸呈現政治與經濟之不安定，尤以中國者為甚"，又說"此可作為緊急時期中保障安全之一部份必要措施"。用意是明顯的，那麼，如果認為香港的社會秩序與治安計，舉辦人口登記，是否有其必要，所能收穫的效果是否宏大，卻值得考慮。(香港《星島日報》，1949年8月5日)

對於當時香港《星島日報》的評論，港英政府當然不會作出回應。普通市民也知道，要政府"收回成命"是不可能的。不過，就身份證內規定要打指模一項，希望政府接納民意，並作出修改，應該不會過份，但港英政府照樣不太理會。因此市民的反對聲音更大，此起彼落。社會上較為普遍的看法是，在華人社會裏打手指模屬不祥之事，例如在簽賣身契時或是當執法機關對待一些嫌疑者或罪犯的手法，拿這樣的措施，對待普羅市民，實不太適合，他們多次提出反對及抗議。"社會人士現有反對領取身份證要打指模一項手續者，彼等認為此舉，太過嚴重，謂且影響持證者之尊嚴，指打指模之舉，通常只係罪犯向當局印指模存檔案。"（香港《星島日報》，1949年8月6日）

例如華商總會亦於8月6日表示："身份證須印上指模，華商會表示不贊成。"8月10日，全港社團又聯合發表聲明，希望當局改善在身份證上要求全體市民打指模的規定。到8月17日，在立法局三讀的當天，九龍總商會向港府遞交了"要在身份證上蓋指模是違反華人習慣"的會議議決，並提出了4項改善或取代方法的意見書，例如以簽名代替手指模。（香港《星島日報》，1949年8月6日、7日、10日、12日；香港《華僑日報》，1949年8月13日）可惜，這些反對聲音，只是對牛彈琴，港英政府並不接納。按港英政府有關方面的解釋，打指模乃人口登記條例之規定，有其必要性；其次，打指模的方法，可以防範他人冒認，是最好的天然防偽方法。至於在打指模時，並不會由警方負責，而是由非武裝人員，在極便利領證人的情形下，請市民打上手指模，因此與由執法人員負責，要求疑犯打上十隻手指指模的方法不同，所以港英政府當局認為打指模之舉，實不會有任何侮辱華人之情況出現。（香港《星島日報》，1949 年 8 月 10 日）

當時，香港《南華早報》（*South China Morning Post*）則呼應政府與當時華人主流意見唱反調，大力支持港英政府的決定。在 1949 年 8 月 12 日的社論上，南華早報認為打指模的做法並不牽涉貶低香港市民地位，也不是歧視中國人，所有香港居民不論國籍和種族均須登記並領取身份證。該社論認同政府的說法，認為人口登記對香港社會的安全至為重要，並呼籲全港市民為顧全大局，應該摒棄歧見，支持人口登記，申領身份證。（*South China Morning Post*, 1949 年 8 月 12 日）

至於當時的署理華民政務司長鶴健士（C. K. W. Hawkins）在接見華人代表時更指出："打指模是二千年前由中國發明的。"言下之意是這種"玩意兒"，是你們中國人"搞出來"的，現由你們使用，並無不妥。鶴健士"二千年前由中國發明"的說法，或者在時間上有所誇大，也沒有提出確實證據。就此，吳昊則指名道姓地指出："英國人懂得打指模乃學自中國，1853 年英國派駐印度的內務次官赫謝爾，在孟加拉發現中國商人與印度商人簽約時，用指模作為證據，以表示永不悔約。赫謝爾便把指紋畫押引進英國。"（吳昊，1999：166）不論打指模的原創是誰，又在何時開始，香港市民必須像 1945 年日佔時期般在身份證上蓋指模的做法，在相隔不過 4 年之後，又要執行了。但當時的市民似乎沒有人提出類似"只有日本軍隊，才會要求淪陷區內的臣民印指模"一類的說法，作為反對的理由，從這點看來似乎有些不尋常。到底是市民健忘，已將戰時的情況忘記了，還是大家不想重提那段黑暗的傷痛日子，則不得而知了。

與此同時，社會上散播着打指模之規定只限華人，而其他國籍和種族的市民則不用跟從的流言；另外，更有謠言指登記手續只針對市區居民，新界地區居民可免登記。對於這些傳聞，港英政府急急作出澄清，並重申打指模和全港人口登記之必要：

> 據港府發言人昨日發表聲明：市面盛傳人口登記只有華人須打指模。又傳人口登記將不包括新界居民等情況。查上傳兩節均非正確。本港居民，除港督、軍人及警察外，任何居民不論其國籍為何，登記時均須加蓋指模，新界居民亦須登記，凡與上列兩點相反之報導，幸勿誤信。（香港《星島日報》，1949 年 8 月 14 日）

俟後，港英政府為了減少市民誤會和加速人口登記的過程，再就實施簽發身份證制度的措施，提出若干澄清：

（一）外間所傳十指須全部蓋指模一節實屬不確，應蓋指紋，只為左手之拇指，且僅作為身份證之證明，並非警察對付犯人之用。（二）人口登記時將無擠擁與等待情況，拍照及蓋指紋之程序，妥為安排，將使各人所費等候時間不較輪候戲票為久。（三）新界居民將與市區居民同樣登記。（四）所有種族人民均將加蓋指模，非獨華人為然。（五）登記概不收費。（六）登記對居民之行動絕無限制，並不影響其來往本港之自由。（七）登記絕不妨礙本港商務，因登記對居民移動，並無任何影響。（八）人口登記一事，並不違背任何條約之條款或本港之任何法例。（九）凡在報章或其他方面發表之報導與上述各點不符者，均屬不確。（香港《星島日報》，1949 年 8 月 18 日）

1949 年 8 月 17 日，《1949 年人口登記條例》三讀通過，成為正式法例。港英政府為了推行此項重大計劃，在翌日特別成立了人口登記局（Commissioner of Registration），並委任華莫爾（或稱戈慕爾，William Gernald Wormal）出任人口登記局局長，而助理局長則是英勃蘭（Theodore Ralph Ingram）。人口登記局的辦事處，設於禮頓山道電話大廈（前銅鑼灣利舞台戲院側）2 樓，並由 1949 年 9 月 1 日遷入，開始辦公。為了辦理身份證，該處向英國倫敦的柯達公司

（Eastman Kodak Limited）訂購了各種相關的攝影及沖曬（擴印）器材，並在筲箕灣設沖曬實驗室，而香港第一張身份證則於同年 10 月 1 日面世。

按香港政府年報的相關資料顯示，當年港英政府每小時可為 400 人登記，每天共需要用上 10 捲大菲林（膠捲），每捲可拍照片 800 張，也即是說，每天可以拍照片 8,000 張，當中包括正副本各一張，正本貼在持證人的身份證上，副本則存放在政府的檔案庫。（Hong Kong Annual Report, 1949）換言之，每天大約可以辦理 4,000 張身份證。按當時人口為 186 萬人計算，扣除 12 歲以下人口和正規軍、警不用登記外，約有 150 萬名市民須要領取身份證。而港府統計處估計，大約在 1950 年 4 月底，基本上可以初步完成受僱於工商機構或政法單位人士的登記。（香港《星島日報》，1949 年 10 月 28 日）

人口登記局初成立時，為了應付全港市民的登記，該局只聘用員工 98 人，其中女職員 41 人，男職員 57 人，他們的工作主要是擔任攝影和填寫表格等。後來更一度增加至 200 人有多，而當時職員的訓練更由副局長英勃蘭本人親自負責。（香港《星島日報》1949 年 9 月 14 日）之後，隨着工作量的減少，人手也漸漸縮少，至 1955 年，該處只聘有約 84 名員工而已，以維持一般性登記工作。（The Commissioner of Registration, 1955）之後，每遇全港性重新登記，該局才調動其他部門人手或額外招聘人手應付。

在辦理現職人士申請身份證時，港英政府當時的具體程序是：（一）由登記局發給表格一式兩份，申請人依式填妥後一份交回登記局辦理登記，一份則由僱主保留；（二）申請人呈交登記表格後，前往拍攝照片；（三）登記局人員依登記表格內的資料，填寫身份證，再替申請人蓋上指模，再貼上先前所拍攝的照片，並蓋上印章，證件即告完成。

正如前述，人口登記實施之初，公務員及其家屬首先辦理，其後擴展至商業機構、社團、學校及專業界（如：律師、醫生等），繼而擴展至全港普羅市民。由 1949 年 9 月中施行至 1950 年 4 月，政府公務員、機構、團體的登記基本上完成，之後略作延長至 1951 年底。在該段時間內，機構登記並領取身份證的人數為 1,622,624 人。（The Commissioner of Registration, 1954）

1951 年初，人口登記局開始為普羅市民辦理登記手續。當時的辦事處主要設在港九新界各主要區域例如港島的禮頓山道的總辦事處，九龍的旺角分處和新界的荃灣分處等。但這對遍佈全港的市民而言，仍有不便，為此港英政府成立了流動登記車隊，行駛全港各地，尤其是新界、離島等交通較為不便的地區。流動登記車內設有照相機及一些簡單的文書辦公設備，可以為市民拍照和填報資料，市民只需到流動車上拍下照片，再向登記官登記一些重要個人資料，便算完

1960 年代，流動登記車隊走入牛頭角社區服務市民。（香港特別行政區政府提供）

成登記手續。約一個星期後，流動車會再到原地，已登記的市民便可以取回身份證。

　　流動車隊的設立，確實為很多市民提供方便，尤其是一些需要工作謀生或交通不便地區的市民，更加重要，對身份證的推廣，有十分重大的貢獻。就港英政府當年如何使用流動車隊推廣身份證，田邁修和顏淑芬在其編寫的《香港六十年代》一書中，便有以下一段相關的有趣陳述，現引錄如下：

母親：（我）後來去做啤（打模）五金，要報大年齡拿身份證才找到工作。

女兒：妳如何懂得拿身份證？

母親：有流動宣傳車，到時到候在街上呼籲拿身份證。我也跟別人去拿。身份證是用硬紙皮做的。

女兒：妳有出世紙和父母簽名嗎？

母親：不用。我只是到流動車上報上姓名和歲數，那些登記官便會相信。然後站在椅上拍照，幾天後，流動車再經過，便可以取得身份證。（田邁修、顏淑芬，1995：168。原文為廣州話口述的文字整理）

這段母女對話，帶出三個重要訊息：（一）身份證對一個人的工作很重要。如果要找到工作，便必須出示身份證；如果未足年齡而想外出工作，則可以在領取身份證時，將年齡報大一點；（二）身份證上的個人資料，全憑申請人自己申報，並無進一步核實，比較馬虎；（三）為了達到全民登記的目標，港英政府不惜出動流動登記車隊，行駛較為偏遠地區，務求在不影響市民生活的情況下，為更多市民登記。自 1949 年底開始，簽發身份證至 1960 年 5 月底，在另一場身份證更替運動前，硬咭紙式的身份證，總共簽發了約 2,762,110 張。（見表 5.1）

表5.1　1949-1960年硬咭紙身份證簽發數據

年份	數量
1949-1950 * 1950-1951 *	1,622,624
1951-1952	37,034
1952-1953	73,883
1953-1954	86,209
1954-1955	124,516
1955-1956	139,903
1956-1957	158,712
1957-1958	186,959
1958-1959	160,056
1959-1960	154,351
1960 年 4-5 月	17,863
總計#	2,762,110

＊絕大部份是任職各機構人士。
＃身份證數字應該較實際申請人數大，蓋有些人士登記之後沒有領證又再重領，也有些一人多名，領取多過一張身份證。當局估計，實際人數應該約為2,359,323人。
資料來源：The Commissioner of Registration,1954-1961.

　　無可否認，要推行這麼大規模的登記活動，在當時的社會條件而言，是困難重重的。港英政府先為任職於大機構及團體人士辦理，繼而擴充至一般市民的方法，再配以流動登記車隊，使計劃可以順利完成。這種做法有三項優點：（一）任職機構及團體人士較易統籌和處理。在眾多機構中，政府又先以公務員及其家屬先行，這樣亦可給全港市民 "帶頭作用"；（二）在職人士一般有較高的教育程度，文化水平亦較高，故在填報資料時困難較少，令登記工作可以較為順利地開展；（三）在職者對個人證明文件的依賴較大，他們如果不辦理，較不方便。因此，他們不肯辦理的情況也較少，這樣可以減少計劃推行初期所出現的困難和挫折；（四）流動車隊可以到達較偏遠而交通不便的地方，減少市民長途跋涉到市區辦理之勞，因而使零散的市民也能夠領取身份證，使全港市民均可領取，使身份證更為普及化。

就職於工商機構人士完成登記後，人口登記局在1951 年 1 月 5 日要求機關商團要憑身份證僱用勞工，進一步帶出沒有身份證便有可能會喪失工作的訊息。至此，在香港，身份證已經不單單是一種個人身份證明文件，更涉及各種利益。到 1953 年 4 月 13 日，工商處宣佈凡已具有香港身份證的市民，均可申請配米證。同年的 5 月 6 日，港英政府再宣佈普通補發配米證開始，為期 15 天，市民可憑身份證領取配米證。（香港《星島日報》，1953 年 4 月 12 日及 5 月 5 日）在物資短缺的社會，配米證幾乎等同市民生存的權利。換言之，沒有身份證便不能獲得配給食米，市民若果不想失去領取配米證的機會，自當申請身份證了。港英政府這種 "誘之以利" 的政策，促使普通市民為了生存計，被逼要去申請身份證。

住民證與早期身份證比較

在此，我們不妨將日佔時期的住民證和港英政府在 1949 年推出的身份證，作一粗略比較，看看他們的異同之處。整體上，兩者相類似的地方很多，例如：（一）兩者的證件均以硬咭紙製成。住民證只是一律採用白色，而早期的香港身份證則分淺藍、粉紅和黃色三種；（二）兩者尺碼均較大，且屬摺合式設計，要對摺後才能放入衣袋；（三）兩者所列個人資料相若。例如證件編號或第號、住所、職業、籍貫、姓名、出生日期、簽發單位和其簽章等；（四）兩者均有持證者的半身相片和指模，並且是相片在上，拇指指模在下；（五）兩者均規定所有 10-12 歲以上居民必須領取，並且隨身攜帶，以備查檢；（六）兩者是當局在簽發證件後，均要求政府機關在工作和必要物資分配上，以相關證件作依歸，沒有當局所發出的住民證或身份證，便等同喪失工作或基本生存權利。（見表 5.2）

當然，兩者也有一些不同的地方。例如：（一）早期身份證上載有殖民地標誌，住民證則沒有；（二）早期的香港身份證上的文字是中英並用，住民證則只有一行日文，這可能是因為日文採用了不少漢字，很多字的意義相通，所以沒有直接翻譯對照的必要吧；（三）早期身份證資料兩面均有，而住民證則主要集中在正面，背面則列出一些持證者應注意事項。（見表 5.2）

表5.2　1945年日佔時期住民證與1949年身份證比較

證件特色	1945年住民證	1949年身份證
個人基本資料	姓名、出生日期、職業	姓名、出生日期、職業
指模	右手拇指	左手拇指
紙質	對摺式硬咭紙（白色）	對摺式硬咭紙（淺藍、粉紅及黃色）
簽發單位	總督部警察總局	人口登記局
法律依據	《公示十五號》	《1949年人口登記條例》
申請者年齡	10歲以上	12歲以上
相片	個人正面半身相片	個人正面半身相片
個人地址	詳細列出	詳細列出
簽發日期及部門簽章	詳細列出	詳細列出

　　除了證件特色上的異同外，當時日佔政府與港英政府推出身份證的歷史背景，基本上也是相似的。由於日軍在太平洋地區的戰事失利，日佔政府感受到侵略回來的土地，似乎不能緊緊抓着，因而需要靠登記人口，加強社會內部管制。至於港英政府，同樣在管治上面對着強烈不安，擔憂着中國政府會藉着政權轉移而收回香港，因此千方百計想出增強本身管治的方法，登記人口並簽發身份證便是主要的措施之一。

　　從以上的比較中，我們發現早期身份證和日佔時期的住民證，實屬大同小異，因此推斷當港英政府在1949年時面對來自中國內地的"威脅"時，乃有仿效日本侵略者的住民證手法，急急推出身份證措施，用以收緊社會活動空間、控制人民，以防止社會出現重大的變故。

1954 年 8 月，裴思（又譯巴德斯，R. A. Bates）接替華莫爾成為人口登記局局長，並開始就身份證政策進行檢討。為此，港英政府在 1955 年成立一個臨時性的身份證檢討工作委員會，就身份證簽發與人口登記事宜，進行研究，並向政府提交報告。工作委員會的研究結果顯示，港英政府在 1949 年所簽發的身份證，存有不少流弊，必須作出大規模修改，才能配合社會發展。報告建議港英政府以 3 年左右時間，按部就班地給全港市民重新登記，並簽發一種不易破損、高度防偽的膠面身份證。報告亦建議除了 18 歲以上的成人身份證外，11-17 歲之小童應該分開，改為發給兒童身份證。在費用方面，成人身份證收取 1 元手續費，減輕政府的負擔，而兒童則免費。委員會更指出原本由僱主代僱員申報身份證之方法不可取，只會給僱主做成不便，應當廢棄。至於身份證上的個人地址一欄，也應一併取消。（Hong Kong Legislative Council, 1960: 171）

"夾心"身份證時期

事實上，身份證由 1949 年 10 月發出，到 20 世紀 60 年代，已經使用接近十年了，很多個人資料、樣貌以至證件本身，已經出現很多轉變，如不更換，肯定會與時代脫節。

市民指出：現在的身份證，因體積太大，許多較小的口袋如恤衫袋等，都放不下，故有不少人將身份證摺疊，始能放入袋中，時日一久，許多身份證都變成兩截。又有些用得多的身份證，亦會弄糟以至模糊不清，諸如此類，都需要更換新證……還有一項，身份證上的照片，日子一久，許多顏色變樣，甚至面目全非，此種情形，常引起麻煩。（香港《星島日報》，1960 年 4 月 26 日）

膠面成年人身份證（前期）。男性（上），女性（下）。（香港特別行政區政府提供）

膠面兒童身份證（前期）。男童（6-16 歲），女童（6-16 歲）。（香港特別行政區政府提供）

人事登記處九龍分處新辦事處開幕典禮。（香港特別行政區政府提供）

人事登記處九龍分處的辦公情形。（香港特別行政區政府提供）

港督戴麟趾在查看新推出的香港身份證。（香港特別行政區政府提供）

1960 年 4 月 14 日，人口登記局更名為"人事登記處"（Registration of Persons Office）。同月，港英政府採納身份證工作檢討委員會的建議，公佈將會在 6 月 1 日起，分階段為全港市民更換身份證。新身份證會取替舊式的黃、淺藍和粉紅色的硬咭紙身份證，改為只有 2 吋半乘 4 吋半的膠面身份證。報章更以此戲稱為"夾心身份證"（因為兩片膠片夾着中間載有個人資料的紙張而來），新身份證更將成人（18 歲或以上）與小童（11-17 歲）分開，身份證的辦理費用成人 1 元，小童則免費。

1960 年 9 月 16 日，苗祚（John V. G. Mitchell）接替提早引退的裴思成為人事登記處處長，負責推行更換新身份證計劃。就在分階段更換身份證的過程中，在邊界地區開始陸續出現來自中國內地的非法移民，使原本的登記計劃大受影響，人事登記處被逼停止為全港市民更換身份證的計劃，改為給非法移民登記。

直至 1962 年 8 月 11 日，隨着非法移民湧入的情況稍為減退，人事登記處為非法移民登記的手續亦已告一段落，該處乃恢復分階段為香港市民更替"夾心"身份證的程序。同月月中，港英政府修訂了入境條例，嚴禁非法入境者。不過，政策對打擊非法移民湧入並不收效，非法移民仍會因為中國內地的政策變化而轉到香港，對此，港英政府仍然如舊給予抵達市區者發出身份證。

1968 年 3 月 18 日，人事登記處處長苗祚召開記者招待會，交代自 1960 年實施人口登記以來，前往登記並領取身份證的一些具體數字。苗氏表示在該段時間內，登記並領取身份證的人數共有 335,780 名，其中非法移民有 236,009 名。也即是說，新來港者領取身份證的比率接近八成。苗祚說："這顯示了政府對非法移民（採取）寬大政策，為了解決他們的問題，（非法入境者）是無須畏怕到人事登記處的。"（香港《星島日報》，1968 年 3 月 19 日）事實上，當年進入香港的非法移民實不只此數，有很多散居新界的非法移民因交通、資訊等因素，並沒有申領身份證，港英政府的數據也就不能反映出來了。

由 1960 年 6 月開始更換"夾心"身份證，至 1973年底新款膠面身份證面世，取代原本的"夾心"身份證，人事登記處一共發出 5,257,470 張身份證，其中 4,721,203 張是發給香港居民，而發給在該段時期抵港 的新移民，則有 536,267 張。在新移民中，小童佔總移 民者的不足一成（8.1%）。換言之，當時的移民人口， 大部份屬年青力壯人士。（見表 5.3）

表5.3　1960-1973年領取身份證人數統計

年份	成人		小童		總數
	原本居民	新抵港人 士*	原本居民	新抵港人 士*	
1960-1961	195,160	29,264	84,714	2,356	311,494
1961-1962	398,955	60,192	452,385	2,412	613,944
1962-1963	334,703	140,660	162,875	2,436	640,674
1963-1964	503,421	27,036	259,897	1,028	791,382
1964-1965	501,947	16,722	184,208	1,862	704,739
1965-1966	137,204	15,206	115,387	1,363	269,160
1966-1967	91,897	19,049	114,409	1,527	226,882
1967-1968	90,564	20,935	112,228	2,112	225,839
1968-1969	91,325	17,592	115,870	1,464	226,251
1969-1970	85,107	18,537	110,673	2,212	216,529
1970-1971	95,723	15,697	140,327	3,024	254,771
1971-1972	92,371	19,491	118,304	4,154	234,320
1972-1973	104,745	39,840	173,829	7,883	326,297
至 1973 年 12 月	60,721	52,605	92,254	9,608	215,188
總計	2,783,843	492,826	1,937,360	43,441	5,257,470

＊新抵港人數中，包括合法和非法入境人士。

資料來源：Registration of Persons Office, 1961-1974.

膠面成年人身份證（後期）。男性（上）， 女性（下）。（香港特別行政區政府提供）

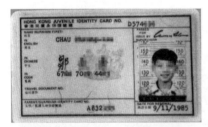

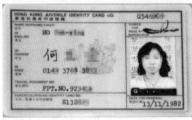

膠面兒童身份證（後期）。男童（11-17 歲），女童（11-17 歲）。（香港特別行政區政府提供）

1971 年 8 月 23 日，港英政府就香港居民在身份和權利上作出較為清晰的介定和劃分。原則上是把在香港擁有永久居留權和沒有永久居留權者分開，而非本土出生的華人移民與聯合王國（英國國籍）人士，如在香港居住 7 年或以上的，可以享有永久居留權。就此規定，人民入境事務處處長戈立（W. E. Collard）在 1972 年 3 月 23 日發表公佈，宣佈自 1972 年 4 月 1 日起，落實該政策。換言之，所有香港華籍居民及原籍英聯合王國人士，如在任何一個時期連續在香港居住 7 年者，可享有居留權並獲得香港永久居民身份。（香港《星島日報》，1972 年 3 月 24 日）

為了配合這項新政策，人事登記處設計了一種新款身份證，並在 1973 年 11 月開始漸次更換，新款膠面身份證的式樣，除了印章顏色上的變動外，還有作出若干較為顯著的改革，當中包括改善文字編排，取消附有指模的規定以及加入出生地點等。另外，兒童和成人身份證的格式，轉為合而為一，兒童須領取身份證的年齡由原來的 6 歲提升至 11 歲，同時將領取成人身份證的年歲也由 17 歲提升至 18 歲。另外兒童身份證上，同樣附有持證者的照片，以資識別。

有鑑於香港人口增長迅速，而非法入境者又"不絕於市"，港英政府開始改變過往接納所有非法入境者的寬鬆政策，在 1974 年改為嚴格執行"抵壘政策"，即只有到達市區的非法入境者，才可以給予身份證。

與此同時，港英政府也加緊在邊境巡邏，阻止非法入境者，如果在邊界地區發現非法入境者，均會即捕即解，送回中國內地，藉以制止漫無止境的偷渡潮。

由於人民入境事務處和人事登記處在某些工作和職能出現重疊，港英政府在 1977 年 4 月 20 日宣佈將人事登記處與人民入境處合併，當時的入境處處長羅蘭士（J. M. Rolands）更兼任人事登記處處長。（香港《華僑日報》，1977 年 4 月 20 日）隨後入境處更接管了註冊總署（Registrar General），並成立個人登記部（Personal Documents），專門負責所有有關出生證、死亡證、身份證、結婚證等簽發事宜。

自 1978 年中國內地推行經濟改革政策以後，內地人湧入香港的浪潮又起，人口稠密、生活富裕的香港

港督麥理浩視察人事登記處。（香港特別行政區政府提供）

社會，無論在住屋、教育、醫療和就業等方面已經再也承受不了這大批大批的外來移民了。1980 年 10 月 3 日，當中國外交部部長黃華訪問香港時，當時的港督麥理浩（M. MacLehose）便向中方提出了打擊非法入境者的意見，雙方交換了有關遏止非法入境問題的意見，並達成共識。同年 10 月 19 日，麥理浩訪問廣東省，與省政府領導人再就非法入境者問題進行討論，最後達成具體協議，雙方同意收緊非法移民的出入。

10 月 23 日，港英政府在立法局上通過《1980 年人民入境（修訂）（第 2 號）條例》宣佈為了對付非法移民，取消"抵壘政策"，實行"即捕即解"。從那時起，"抵壘政策"正式廢止。在即捕即解新例前給予的共 4 天寬限期內，一共有 6,952 人前往設於港島金鐘華人延期居留辦事處的特別登記中心登記，並領取身份證，這些非法入境者，成為最後一批獲得香港居民身份證人士。新款過膠身份證自 1973 年底推出起，至 1983 年止，港英政府合共發出了 5,520,000 張身份證。（〈入境事務處覆函〉，2002）

電腦身份證時期

自"抵壘政策"取消後，港英政府除了在邊界地區增強防務，堵截非法移民外，執法人員在大街小巷檢查市民身份證的比率，也大大增加了。按當時香港警方提供的數字，自 1980 年 11 月 25 日至 1982 年 9 月 10 日止，因為檢查而採取的特別行動中，合共有 1,101,242 人（次）屬 15 歲以上市民，曾經遭受截查身份證，這數字並不包括一些慣常在普通巡邏時遭受截查的數字。在這些受截查的人士中，合共有 3,233 人因沒有隨身攜帶身份證而被警告，至於因此而遭受票控的，則有 21,496 人。（見表 5.4）以當時人口約為 500 萬人計，每五人之中，便有一人曾經遭到截查身份證；若扣除 15 歲以下兒童，則降至約每四人之中，便有一人曾受截查。至於受票控的人數，也佔受截查人次的 1.95%，這些都是相當高的比率。警方加強截查市民身份證的行動，大大強化了市民“隨身攜帶身份證”的習慣和意識，直接使身份證真真正正地變成市民“必不可少”的東西。

表5.4　警方截查市民身份證數據（1980年11月25日 -1982年9月10日）

類別	普通巡邏檢查	特別行動檢查	總人次
遭檢查人次	n.a.	1,101,242	1,101,242
遭警告人次	2,012	1,221	3,233
遭票控人次	17,569	3,927	21,496
遭拘控人次	1,077	243	1,320
通知入境處調查人次	3,116	76	3,192

資料來源：香港《星島日報》，1982年9月10日。

在這些大小不一的截查身份證行動中，港英政府發現在確認身份證的真偽時，十分費時，就此，港英政府委任臨時委員會進行深入研究。俟後該委員會發表了要為全港市民更換電腦身份證的建議。港英政府接納委員會的建議，在 1983 年推出第一代電腦身份證，一方面可以加快核查身份證的真偽，杜絕不法活動。另外，也可以配合在其他方面的應用（例如出入境等），以支援社會的整體發展。由新身份證簽發日起，原本接納駕駛執照可作為身份證明的規定，也宣告取消了。

第一代電腦身份證簽發不久，香港便遇上前途問題。在 1984 年，經過接近四年的談判，中英兩國就香港前途問題達成協議，英國政府表示會在 1997 年 6 月 30 日起終止在香港的殖民統治，屆時中國政府將對香港恢復行使主權，香港也隨之進入"過渡時期"。為了確保和平過渡，香港在港英政府管治時期的一些政策，必須作出修訂和改變。

有鑑於剛推行的第一代電腦身份證並不符合回歸後的需要，港英政府在 1987 年 5 月 27 日由立法局三讀通過《1987 年人民入境（修訂第 2 號）條例》和《1987 年人事登記（修訂）條例》（詳見本書第四章）。修訂《人事登記條例》的目的，是為了在 1987 年 7 月 1 日後開始發出注明持證人在香港有居留權的香港永久居民身份證，即所謂第二代電腦身份證，使與在同

日開始簽發的英國國民（海外）護照和香港身份證明
書內加注居留權的做法配合。按中英雙方的協議，第
二代電腦身份證，可以過渡到九七後，直至香港特區
政府另行更換身份證止。

表5.5　1987-2017年申領身份證人數統計

年份	永久性居民身份證	非永久性居民身份證	總數
1987-1988	--	--	1,011,300
1988-1989	--	--	
1989-1990	--	--	
1990-1991	--	--	
1991-1992	--	--	787,900
1992-1993	--	--	566,300
1993-1994	--	--	550,000
1994-1995	--	--	610,000
1995-1996	499,732	166,912	666,644
1996-1997	712,828	155,994	868,822
1997-1998	472,795	160,416	633,211
1998-1999	396,172	134,304	530,476
1999-2000	402,275	130,898	533,173
2000-2001	410,328	140,298	550,626
4/2001-3/2002	404,492	136,158	540,650
4/2002-3/2003	394,266	135,175	529,441
4/2003-3/2004	989,671	212,393	1,202,064
4/2004-3/2005	1,745,585	217,142	1,962,727
4/2005-3/2006	1,788,951	252,110	2,041,061
4/2006-3/2007	1,917,677	199,692	2,117,369

年份	永久性居民身份證	非永久性居民身份證	總數
4/2007-3/2008	521,971	158,809	680,780
4/2008-3/2009	395,964	164,098	560,062
4/2009-3/2010	384,699	168,925	553,624
2011	385,541	180,156	565,697
2012	408,528	193,754	602,282
2013	402,461	179,366	581,827
2014	376,228	180,861	557,089
2015	390,066	179,489	569,555
2016	393,760	192,500	586,260
2017	387,507	191,929	579,436

注：入境事務處自2003年6月23日開始簽發香港智能身份證，所有智能身份證中心於2007年5月19日起關閉，因此上述數字於此期間也包括換領智能身份證的數目。其次，2011年之前的數字以財政年度計算，2011年起則以"年曆年度"（calendar year）計算。

資料來源：Hong Kong Annual Report, 1987-1997.
Immigration Department, 1997-2017.

表5.6　全港市民換領智能身份證計劃簽發的身份證數目

年份	數目
4/2003-3/2004	698,597
4/2004-3/2005	1,476,741
4/2005-3/2006	1,533,242
4/2006-3/2007	1,600,052
4/2007-3/2008	75,532
總數	5,384,164

注：入境事務處自2003年6月23日開始簽發香港智能身份證，所有智能身份證中心於2007年5月19日起關閉。
資料來源：入境事務處提供。

表5.7　因身份證已遺失、損壞、污損或須更改身份證上
的個人資料而申請補領新身份證數目

年份	總計
4/1996-3/1997	243,783
4/1997-3/1998	241,221
4/1998-3/1999	216,752
4/1999-3/2000	216,565
4/2000-3/2001	212,046
4/2001-3/2002	208,836
4/2002-3/2003	208,177
4/2003-3/2004	211,462
4/2004-3/2005	185,818
4/2005-3/2006	166,625
4/2006-3/2007	152,628
4/2007-3/2008	142,233
4/2008-3/2009	146,322
4/2009-3/2010	151,558
2011	150,974
2012	170,416
2013	186,837
2014	169,994
2015	184,198
2016	194,314
2017	192,393

注：2011年之前的數字以財政年度計算，2011年起則以"年曆年度"（calendar year）計算。
資料來源：入境事務處提供。

表5.8　偽造身份證數目

年份	總計
2003	0
2004	75
2005	281
2006	437
2007	407
2008	544
2009	423
2010	372
2011	228
2012	171
2013	186
2014	146
2015	216
2016	169
2017	231

資料來源：入境事務處提供。

　　據報導，當時可以成為永久居民的約有 500 萬人，其中 325 萬人是具有英國屬土公民資格的，174 萬人是居港 7 年以上的華裔人士。1987 年底，港英政府開始按居民的出生年代，更換相關的身份證。由宣佈更換至 1990-1991 年度，入境處一共發出 1,011,300 張身份證。之後每年大約發出 60 萬張。其中大部份是香港永久居民身份證，非香港永久居民的身份證則佔一少部份。在 1996-1997 年度，數字才大幅度攀升，計有 712,828 張香港永久居民身份證和 155,994 張非香港永久居民身份證。出現這種重大波動，是在該年內有大批港人在內地出生的子女，獲得香港居留權所致。之後，申領人數便漸漸回落原本水平。（見表 5.5）

綜合來說，香港政府合共發出約 780 萬張身份證。這數字和入境處給我們的覆函中所提出的 754 萬張略有出入，其中的一些誤差，或者是在劃分計算年度有所不同所引致的。按該覆函的資料，由 1987 年起至 2002 年止，港英政府和香港特區政府合共發出 754 萬張身份證，其中永久居民身份證有 647 萬張，而香港身份證則有 107 萬張。在永久居民身份證中，有 43 萬張是發給 11 歲以下小童的，1.9 萬張則發給僑居海外而合資格的香港居民。（〈入境事務處覆函〉，2002）

智能身份證時期

第二代電腦身份證本身屬於過渡性質，它雖然取消了殖民地色彩，但同樣沒有顯示香港特區政府的特色和涵意；到了 2003 年，第二代電腦身份證已使用超過 15 年了，很多持證人的樣貌已經出現顯著改變。香港特區政府成立後，已在立法會設立一個特別委員會（Bills Committee on Registration of Persons [Amendment] 2001），有多次就相關事務作出討論。（HKSAR Immigration Department, 2000）香港特區政府從 2003年 6 月 23 日起開始給全港市民陸續分階段簽發新的智能身份證，用以取代 1987 年以後的第二代電腦身份證。

智能身份證無論在設計上和技術支援上，均比第二代電腦身份證有所突破。首先，智能身份證的設計擺脫了過往的殖民主義色彩，而突出香港特別行政區的地位。證件上植有智能晶片，晶片內儲存了持證人的重要個人資料，這是香港特區政府日後推行海關檢查自動化計劃的重要基石。

另外，香港特區政府更以智能身份證作為發展香港成為國際數碼城市之號召，藉以擺脫過往只以身份證作為法律文件的單純功能，身份證更可以發展作為電子錢包、電子證書以及電子交易平台等等。按入境處安排，在 2003 年 6 月 23 日起推行的全港市民換領計劃，需換領的總人數多達 680 萬人，以每天辦理 6,350 張計，用時約 4 年。為了方便市民換領，該處在全港設立 9 個分別位於銅鑼灣、觀塘、尖沙咀、大窩口、沙田、上水、屯門、天水圍及將軍澳的智能身份證換領中心。

由於進度良好，換領計劃提前三個月完成，即由原定的 2007 年 6 月底改為同年 3 月（立法會保安事務委員會，2004），而政府亦在 2008 年 7 月 13 日宣告，由 2008 年 11 月 30 日起，所有在 2003 年 6 月 23 日前發出的舊身份證失效（政府新聞網，2008 年 7 月 13 日），標誌着舊式身份證變成了歷史。

若細看表 5.5，更可看到，沒有全港性身份證更換計劃時，每年約有 60 萬張身份證更換或全新簽發，主要是部份市民遺失補領，兒童身份證及進入 18 歲者領取新證。更換智能身份證的 2003-2007 年間，換證數目大升，所錄得的數字，應是累計之數，所以到 2007 年宣佈完成整個更換計劃的總數為 538 多萬。

按以上情況推斷，那個數字應是當時香港年滿 18 歲的總人口。顯然，這次換證計劃進行得十分順利，所以能夠提前完成。不過，保安局在 2008 年 1 月 16 日立法會的議員質詢時，則指整個計劃合共簽發約 770 萬張智能身份證，此數字與整個計劃的數字雖有出入（立法會，2008），但可能是計算標準之誤，因回應議員質詢的數據，應是加入了每年約 60 萬兒童身份證、年滿 18 歲人士領取新證和遺失補發者。

不過，十年人事幾翻新，何況是一日千里的資訊科技和發展步伐急速的香港。在 2010 年 3 月，入境處聘請顧問進行了一次資訊系統策略檢討，顧問公司建議政府推行新一代智能身份證系統，以解決現行系統軟、硬件過時的問題。此外，支援智能身份證的核心軟件已過時，意味目前的身份證將失去廠商提供的支援。加上隨着科技進步，需要加入新的防偽特徵和晶片建構技術，以防偽造。故政府在 2015 年建議斥資逾 14.6 億，於 2018-2022 年，進行全港市民換領身份證計劃，據政府統計，現時大約有 900 萬張智能身份證在使用中（立法會保安事務委員會，2015），建議於同年獲立法會財務委員會批准。

經過連番籌備工作，到了 2017 年底，政府公佈由
2018 年第四季起，全港市民便可分階段換證。由於估
計需要更換的智能身份證數目多達 880 萬張，較 2003
年增加了近 200 萬張，故與 2003 年一樣，會額外設立
九個智能身份證換領中心。在換證次序方面，入境事
務隊成員、警務人員和勞工督察會作先頭部隊；然後
是行政會議和立法會議員、政府的主要官員。一般市
民則會按照出生年份分階段進行。當市民收到入境處
的換證通知後，便可透過互聯網或流動電話的應用程
式預約換證，以及預先填妥表格，入境處亦將會設立
自助登記站和自助領取證件服務站。

這次換證安排與 2003 年亦有一些不一樣的地方，
就是特別為有需要的社群提供一些便利的措施：如為居
住於住宿院舍的長者及殘疾人士提供到訪換證服務；讓
市民帶同 65 歲或以上的長者一同換證等。相較 2003 年
時，對因年老及殘疾而無法親身到換領中心換證的市
民，入境處可謂較被動，一方面讓他們以書面形式申請
豁免登記，同時，寄信給長者中心或安老院舍等，由有
關機構安排長者集體換證。今次入境處主動出擊，派職
員到相關機構提供"到會"換證服務，可算相當便民貼
心了。新一輪的換證行動如箭在弦，不過相信市民對換
證早已視作平常事，加上資訊科技的助力，這次的換證
行動應該會如 2003 年時一樣順利完成。

結語

縱觀香港身份證制度推行的過程，我們不難發現身份證在不同時期的更替，與社會的發展有着十分密切的關係。最初港英政府為了應付當時政局的不穩，乃仿效住民證，推出身份證制度，雖然這屬 "權宜" 之策，但對社會卻有相當大的穩定作用。到了後來，制度漸漸正規化了，很多不合時宜的規定例如證件上所有持證者的指模和住址等，均取消了。到了 20 世紀 60 年代，香港身份證的設計有了十分巨大的轉變，當時的身份證無異給予市民良好印象，因此對新身份證的接受程度也相對提高了。20 世紀 70-80 年代以後，香港身份證更是香港市民個人身份的代表，黑印和綠印之間，標籤屬性有別。身份證演變為社會權利和個人地位的象徵，本身已經超出了單單是一種個人證明的法律功能。進入回歸時期，香港永久居民身份等同特區的特殊地位，與有榮焉。到 2003 年，特區政府逐步給全港市民簽發一種結合全新科技的智能身份證，把香港發展成一個數碼化的高科技國際城市，令香港市民的身份證出現一種新變化。惟科技日新月異，社會步伐急速，15 年後，原來的智能身份證已不夠智能了，所以又要展開新的更換行動，給全港市民換個 "新面貌" 了。

第六章 香港身份證的沿革與特色

引言

　　按照本書第四章中所談到的法理依據，香港人口登記局在 1949 年 10 月 1 日開始，正式向香港居民簽發身份證。身份證的設計和式樣，不同年代各有不同。從 1949 年簽發，至如今的第二代智能身份證，身份證已經歷了多項變化。這些變化，在某程度上，更可視作是香港生活水平提升、本土文化孕育和身份認同轉變的側影和標誌。以下我們會從身份證的發展和沿革，探討不同階段的特色和重點。

硬咭紙身份證

　　初期的身份證，無論在品質、用料以至設計上，都十分粗糙。身份證上的個人資料如中文姓名、性別、職業、年齡等，均由負責政府官員手書填寫。身份證只是以硬質紙張製造，尺碼也較現時的身份證大，有 8 吋乘 5 吋，約半張 A4 紙般大，這樣大的尺碼，自然不太方便攜帶了。

　　初期香港身份證的正面右邊印有帶有英國的殖

民主義色彩的"獅馬護皇冠"標誌，下列 1949 年通過的《人口登記條例》第 11-12 條規定。之下印有正楷英文"Identity Card"和中文"身份證"字樣。再下是僱主號碼、中英文姓名、地址、僱主地址、簽發日期和簽發官員簽名。正面的左邊最上方印有英文"Endorsement"（批覆），留待某些申請更改事項有待批覆時使用，以下則空白。身份證的背面同樣分為左右兩大部份，左面的左上方印有持證人的身高，照片上有凸字印章。照片下印有持證人左手拇指的指模。除此之外，更有持證人的年齡、性別、種族、國籍和職業。至於背面的右上方，印有"更改永久居住地或工作地"字樣，下面完全空白，應該是留待更改居住地或工作地時使用。

當時的身份證，紙樣的顏色有 3 種，分別是粉紅色、黃色和淺藍色。粉紅色身份證簽發給女性，淺藍色則發給男性，而當時為什麼會另有黃色身份證呢？其中一個說法認為，若果屬補發的身份證，則是黃色的，但事實是否如此，礙於資料的缺乏，我們現時很難稽查了。

"夾心"身份證

1960 年 6 月 1 日，港英政府修改並頒佈《1960 年人口登記條例》，規定所有香港居民必須重新登記，並分階段申領新的身份證，居民如有逾期不申領者，一經發現，將被罰款 1,000 元及遭受禁監的刑罰。這時候的身份證在製作和設計上精美多了，由於身份證採用兩片膠片將載有個人資料和照片的紙張"夾"在一起，因此被戲稱"夾心"身份證。和硬咭紙身份證比較，"夾心"身份證有幾項較為進步的地方：（一）原本身份證上所列的"身份證"3 個中文字不見了，取而代之的，只有英文"Hong Kong Identity Card"字樣；（二）身份證的尺碼縮小了，新的證件大小有如個人名片，可以放在錢包內，方便攜帶；（三）證件加上膠片，防止破損；（四）身份證的版面設計，也較規範化。身份證上除了持證者的中文姓名是以中文書寫外，其他個人資料全為英文打印，使人有整齊、劃一和制度化的感覺。

這時期的身份證，正面上方以粗黑字體載有持證人的號碼，其下分成三欄。左欄是持證人的左手拇指手指紋，中欄則貼上持證人的照片，右欄是簽發人員的署名和政府機關的印章。證件的背面載有持證者的個人資料，包括中、英文姓名、電碼、出生日期、年齡、國籍以及簽發身份證的法理依據。證件有淺藍色和粉紅色兩種。淺藍色屬男性，而女性則是粉紅色，這種以顏色作為性別區分的方法，仍舊沿用。而黃色身份證，則被取消了。

從該年開始，也開始向 6-16 歲的兒童發給身份證，但在格式上，則與成人有所不同。兒童身份證與成人身份證主要不同有三點：（一）兒童身份證上並沒有持證者的姓名、照片和指模；（二）兒童身份證的尺碼較細小，而且是直式的，而非成人般的橫式；（三）兒童身份證除了出生日期、地點、人事登記處的印章外，背面只有英文正體 "Hong Kong Identity Card (Under 17 Years)" 字樣，下方是身份證號碼，再下只是中英文姓氏，但卻沒有附上持證兒童的名字，最底下有發證官員的簽署。至於大家的共同點則在顏色上，男女童仍以淺藍和粉紅色為區分。男童是淺藍色，女童則是粉紅色，這與成年人的身份證沒有差別。

為什麼兒童身份證上沒有貼上相片和打上指模呢？港英政府方面的解釋是兒童正處成長發育期，外觀樣貌和指模等改變太快太大，未必可以做到"見相知人"的效果，因此，便沒有如成人般附上相片指模等的規定。由於初期的兒童身份證上並沒有持證者的姓名、照片和指模，為持證兒童在求學、就業、外遊等帶來不便。1970 年 1 月 28 日，在立法局會議上，鍾士元便提出質詢，並要求當局在兒童身份證上同樣加上姓名、照片等個人資料，以資識別（香港《星島日報》，1970 年 1 月 29 日），該提議受到港英政府重視。1970 年 4 月 11 日，人事登記處草擬更改兒童身份證式樣提交輔政司（布政司前身），這是後來（1973 年）兒童身份證出現重大轉變的原因。

這時推出的身份證，有另一突破性的地方是與中國人的姓名有關的。從過往的經驗中，登記人員在登記中國人的姓名時，往往會發現兩個很大的困難：（一）很多中國人是一人多名的。出生時有乳名，長大了又會改名，更有"別字"或"外號"，因此很容易造成混亂；（二）每個中國人名字的英文拼音法，又可以各有不同。例如以"潮州"二字為例，便有 Teochiu, Chiuchow, Chiuchau, Chaozhou 等等。更有人為了標奇立異，創造自己的拼法，使情況更加複雜。為了克服這兩大問題，港英政府在 1960 年推行新身份證簽發時，作出一些規範化的決定：（一）政府讓每個成年人可以選擇一個姓名登記，作為身份證上的"正式"姓名，一經確定，其他正式文件及證件如駕駛執照、法律文件等亦須一併跟從，減少日後一人多名的誤會；（二）身份證上的中文姓名，雖然由持證人自由選擇英文拼法，但官方的姓名記錄冊上，則採用電報號碼，每個中文字由四個位的阿拉伯數字的電碼作代號，同時印在身份證上。（香港《星島日報》，1960 年 4 月 21 日）因此，在 1960 年開始簽發的身份證，便開始出現電碼（code）一項了。

"綠印"與"黑印"身份證

到 1971 年 8 月，港英政府在身份證上的設計作出一些變動，如果持證人在香港的居留權受到限制，簽發時的印章以綠色作表示；而黑色印章，只用於在香港享有永久居留權人士，這便是後期所謂"綠印"居民和"黑印"居民身份的分野。由於 20 世紀 70 年代起港英政府執法部門對身份證的規章和執行加強了，身份證的應用如工作、外遊等便變得更為廣泛；另一方面，證件的設計也較以前美觀、方便，也較易被接受，所以，市民申請和攜帶的情況，也較 50-60 年代初期普遍了，身份證已成為市民最常使用的法律文件了。

1973 年 11 月，港英政府就身份證的式樣，重新設計，將原本在身份證上印有持證人指模的規定取消，改為加入持證人的出生地點，而香港殖民地標誌也以背景的形式放在身份證的正面和背面。香港身份證的正面除了上端的身份證號碼外，主要還有中英文姓名、電碼和旅行證號碼，至於發證機關的簽署和持證人照片，則放在正面的右邊。身份證的背面上載法律依據："香港法例第 177 章人事登記規例"。中間分成 3 欄，第 1 欄是持證人的出生日期，有否核實和出生證書號碼。第 2 欄是政府印鑑和簽發日期，如果印鑑是綠色，持證人的居港年期仍受限制；若為黑色，則享永久居留權。第 3 欄則載有持證人的出生地和所屬國籍。

兒童身份證也有一定的改變。從這時起，兒童身份證和成人身份證的差異不會太大。兒童身份證改為以中英文列明香港兒童身份證（Hong Kong Juvenile Identity Card）。證件的正面有持證者的中英文名字、父母或監護人的身份證號碼、持證人的正面半身照片和發證官員的簽署式樣。兒童身份證的背面和成人身份證的一樣，列有香港法例第 177 章人事登記規則。左下有出生日期、出生地和國籍，中間蓋有（黑色或綠色）的印章，並有簽發日期和有效期限。

在談到"黑印"和"綠印"身份證時，往往誤會只有新抵港的中國內地移民而還未連續居住滿 7 年的人士，才是"綠印居民"，其實不然。根據人民入境事務處的資料，持有綠印身份證者，並不只限於內地新抵港未滿 7 年人士，舉凡從外地（中國內地或其他國家）來香港的，他們的身份證也一律是綠色的，例如來自菲律賓而受僱為家庭傭工的工人，便同樣是"綠印"人士。只是，按規定這些工人就算在香港連續工作滿 7 年，也不能申請成為"黑印"永久居民。

其次，長久以來，我們一直以為身份證只有"黑印"和"綠印"之別，其實除此之外，還有一種"紅印"身份證，只是領取人數較少，因而沒有引來注意而已。到底"紅印"身份證有何特別呢？查在 1980 年前，凡"黑印"居民因為遺失原本身份證，而需要補發時，港英政府當局為了以資識別，便把印章的顏色改為紅色，這便是紅印身份證出現的因由。但自 1981

年起，凡補發的身份證，改以英文代號"L"代替。因此"紅印"身份證只是"曇花一現"而已，難怪較少人知道了。而自電腦身份證的出現，不論是"黑印"、"綠印"或"紅印"均一律取消了。

1980 年 10 月 23 日，港英政府公告取消"抵壘政策"，之後抵達香港的中國內地非法入境者，不論在香港、九龍、新界，一經截獲，均會"即捕即解"被遣返原居地。（Immigration Department, 2001；廖柏偉、林潔珍，1998）而為了配合新政策，方便執法人員識別居民身份，港英政府同時宣佈凡年齡在 15 週歲或以上的人士，根據《人事登記條例》必須領取身份證，並必須在香港任何地方隨時攜帶下列任何一種文件，以證明其身份：（一）身份證；（二）由人事登記處處長所出之證明書，證明持有人已申請領取身份證；（三）由人事登記處處長所出之證明書，證明持有人已申請補領身份證（如果遺失身份證）；（四）有效的駕駛執照；（五）英軍部隊的服務身份證；（六）有效旅行證件；（七）越南難民證。沒有隨身攜帶以上任何一項文件均屬違法，有被判罰款 1,000 元之虞。（《香港政府新聞公報》，1980）港英政府政策上的轉變，直接令身份證成了市民"必不可少"的生活"必需品"。

第一代電腦身份證

　　1983 年初，香港人民入境事務處決定為全港居民分批更換一種高度防偽的電腦身份證，即香港第一代電腦身份證。（Immigration Department, 2001）新的電腦身份證較以前進步的地方有：（一）身份證以帶有防偽水印的先進保安紙製造，持證人的資料又由電腦噴墨編印，防偽度較高；（二）持證人的照片是經影像處理後印刷在證件上，取消了早期照片上標刻持證人身高的背景，令身份證更為市民接受；（三）如身份證持證人在港擁有永久居留權，則印有"***"的記號，俗稱"三粒星"，取締原本"黑印"和"綠印"的設計；（四）身份證背面的背景，印有港英殖民地的"獅馬護皇冠"的標誌，上載《人事登記條例》和注明證件需於指定期限內更換的字樣；（五）原本性別不同、顏色有異的分類方法取消了，新的身份證，無論男女、居港年份是否受到限制，顏色均一律沒有差別；（六）新身份證具有電腦化系統作支援，執法人員只須通過無線電通話器，向警局報上持證人資料，便可以在短時間內得到核實，使執法人員可以更有效率地核查身份證的真偽。

　　第一代電腦身份證剛推行不久，中英兩國就香港前途問題終於達成協議，英國政府將會於 1997 年 6 月 30 日止，結束在香港的管治，香港的主權將會交還中

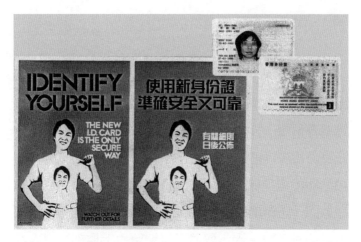

1983 年，入境處開始簽發第一代電腦身份證。為減低被偽造的可能性，特將持證人的照片射印到身份證上。（香港特別行政區政府提供）

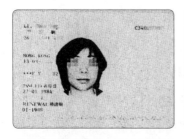

左上：香港身份證（正面）；右上：成年人身份證（背面）；左下：兒童身份證（11-17 歲）（背面）。第一代電腦香港身份證。（香港特別行政區政府提供）

國中央人民政府，香港也會由香港人自己管理。這個重大的歷史轉變，暗示剛剛推行的身份證並不切合快將回歸的香港。為了符合過渡期前後的需要，身份證也必須有所變動。1986 年 11 月 27 日，中英兩國就香港身份證明書問題達成協議，並互換備忘錄。兩國同意由 1987 年開始簽發新的身份證明文件。新文件取消有關殖民地的標誌或含意，讓證件可以在 1997 年 6 月 30 日後，仍可以繼續使用，直至香港特區政府自行更換新身份證為止。（袁求實，1997）為了配合此一協議，港英政府終於在距離香港回歸只有十年光景的時候（1987 年 7 月），由立法局三讀通過《1987 年人民入境（修訂）（第 2 號）條例草案》和《1987 年人事登記（修訂）條例草案》，就 "香港永久居民" 和 "香港居留權" 問題作出界定。與此同時，港英政府宣佈所有香港市民必須按計劃更換新的身份證，以便 1997 年後能繼續使用。（Immigration Department, 2001）這便是第一代電腦身份證仍未完成，便倉卒轉為第二代電腦身份證的原因和背景。

第二代電腦身份證

和香港第一代電腦身份證的最大分別，是新的身份證內取消了英國的殖民主義色彩。新的香港身份證的正面沒有多大的轉變，只是刪去了更換日期而已，

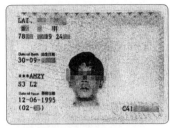

左：香港永久性居民身份證（正面）；右：香港永久性居民身份證（背面）。第二代電腦香港身份證。（香港特別行政區政府提供）

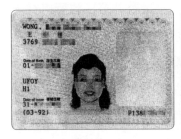

左：香港身份證（正面）；右：香港身份證（背面）。第二代電腦香港身份證。（香港特別行政區政府提供）

左：香港永久性居民身份證（兒童，背面）；右：香港身份證（兒童，背面）。第二代電腦香港身份證。（香港特別行政區政府提供）

背面的變動反而較大：（一）原本“獅馬護皇冠”的標誌背景改為花紋圖案；（二）如果持證人享有永久居留權，則證件背面注明“香港永久性居民身份證”字樣，中間更用一長形方格標明“本持證人擁有香港居留權”，下端則列明《人事登記條例》的法理依據；（三）如果持證人沒有永久居留權的，背面的上端則印有“香港身份證”，中間亦沒有長形方格標示持證人有香港居留權的字句，下端同樣列明《人事登記條例》的法理依據。

　　無可否認，從第二代電腦身份證中，我們不難發現港英政府管治時期的影子，雖然已大大減退，但取而代之的，並不是什麼“中國傳統”色彩或具“中國象徵”的設計，只是一個含意模糊又較為中性的花紋圖案而已。這種設計，或者正是中英兩國在過渡時期的一些特別安排吧。

第一代智能身份證

　　隨着時間的過去和科技的急速發展，原本的香港身份證及其相關的電腦支援系統，到 21 世紀，已經變得不夠效率，也有點不合時宜了。有見及此，香港特區政府從 2003 年 6 月 23 日起，採用一款具備多種用途和功能的智能身份證。該智能身份證由一套全新的電腦系統 —— 智能身份證系統 —— 作支援，以應付身份證日後更為廣泛地應用。據入境處的安排，在2003 年 6 月 23 日起，率先為遺失或損毀證件者、年滿11 歲或 18 歲的換領兒童及成人身份證的人士等簽發智能身份證，至於第二階段的更換，則在 8 月 18 日開始，按 1968-1969 年出生的人士和政府主要官員、入境處職員、警務人員和勞工督察更換，然後再按出生年份分批換領，最後是安排職業司機換證。整個計劃在 2004 年底完成。

據入境處表示，新的電腦智能身份證結合了高科技和革命性的設計概念，具有如下特點：（一）身份證的正面上方印有 "香港永久性居民身份證" 字樣，左面植有智能晶片（chip），晶片下有證件號碼和持證人的 "小照片"，右面則有持證人的 "大照片"。其他個人資料如中英文姓名、身份證號碼、電碼、出生日期和簽發日期等，則主要放在正中較顯眼位置，而這些資料，更會儲存在智能晶片內；（二）證件的背面，上方印有香港特區政府的區徽，左方以中文注明 "適用於十八歲或以上人士"（或 "適用於 11-17 歲人士" 字樣），右方則是相應意思的英文，中間則載有中英文 "本證持有人擁有香港居留權" 字樣；（三）新身份證無論是正面或背面，其底色圖案皆以具現代感的幾何線形圖為主。其次，中英文字在編排上的先後次序也與港英政府管治時期的 "先英後中" 有別，顯示香港特區政府雖仍然強調中文和英文皆為法定語言，但從

中文為先的取向，在新身份證的設計上，也已反映出來。（香港《明報》，2002）

　　新的智能身份證將採用持久耐用的聚碳酸不碎膠（polycarbonate）製成，並會利用先進的激光刻蝕技術和最精良的防偽技術印製。卡面會加上安全可靠和精密的防偽特徵，以防止偽造和仿製。智能身份證上的晶片除了儲存着持證人的個人資料和相片，以及非永久居民的逗留條件和期限外，還載有持證人一對拇指指紋的模板，該模板以不能還原重組指紋的數字形式儲存，可確保只有持證人才可以使用自己的身份證。晶片內的資料都經過加密技術處理，未獲授權人士無法解讀其內容。

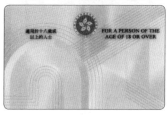

香港第一代智能身份證的式樣。左上：香港永久性居民身份證（正面）；右上：香港永久性居民身份證（背面）；左下：香港居民身份證（正面）；右下：香港居民身份證（背面）。（香港特別行政區政府提供）

除了嶄新的身份證，背後還有一套全新的人事登記系統，此系統將可以透過簡化的工作程序和策略地利用新科技，提高在處理申請方面的效率。現時人事登記處簽發一張身份證需時 15 個工作天，新的智能系統則預計只需 10 個工作天，足足少了三分之一，使特區政府當局可以在簽發身份證時大大減省人手，符合特區政府積極削減公務員人數，以減低財政赤字的目標和宗旨。

　　就身份證的功能而言，智能身份證除了是一張證明個人身份的文件外，該證件更可以提供基礎設施和引進自動化旅客出入境檢查系統，為電子化自動清關鋪路。持證人把他／她的身份證放入一個閱讀器中，電腦便會將身份證晶片內存的指模所產生的數值和持證人手指模數值互相核對，若果相同的話，便可過關。這樣的做法，入境處可以在毋須額外增加人手的情況下，開放更多櫃位為出入境的市民服務，從而縮減旅客出入境的輪候時間。

　　智能身份證內藏有晶片，除可以儲存身份證持證人的個人資料外，亦可以利用該晶片作為電子錢包、數碼證書和電子交易平台，提供非出入境事務的增值用途，以供持證人自行選擇是否加入有關的功能。（資訊科技及廣播局，2001；HKSAR Immigration Department, 2002）其中一項可供參考的用途是安裝香港郵政署的數碼證書，該證書可用於核實參與電子交易雙方的身份，及在電子傳送過程中確保數據的完整性和保密性，以及保障在進行有關電子交易後方必須確認曾經進行了交易。此外，新身份證亦可以用作公共圖書館的圖書證，在各公共圖書館借閱書籍。

在 2004 年 5 月 13 日，據傳媒報導，2004 年 4 月 26 日，香港特區智能身份證系統在由美國科技權威雜誌 *Card Technology Magazine* 主辦的首屆 "智能卡科技突破大獎" 中，擊敗了美國國防部職員卡和台灣國民保健卡等 12 個對手，奪得 "推行智能卡科技突破大獎"。

第二代智能身份證

第一代智能身份證使用至 2015 年已超過十年，原有的軟件明顯過時及老化，故政府再提出更換新智能身份證。在外觀設計上，新證的大小相同，印在持證人名稱、電碼、出生日期以及身份證號碼等資料的設計亦沒有改動，同樣會以灰階激光技術將資料蝕刻在聚碳酸不碎膠卡面上。但在新證上，持證人一大一小相片的位置與現行智能身份證左右調轉，即在舊證印於右邊的 "大頭照" 放於左邊；第二幅較小的人像照則改放右邊。而且，相片將採用更高解像度，希望日後可供人臉辨識技術使用。原放在小人像照上方的智能晶片會改放在卡片背面，並具 RFID 通訊功能，故日後不需與讀卡機有直接接觸，讀卡機已能讀取晶片所載的資料，相信可以減少新證的損耗。

第二代智能身份證最主要的改變，集中在加入新的防偽特徵上，包括：在卡面印上如細線及扭索式等更複雜的圖案背景、使用彩虹印刷及光學變色油墨，以及以"具立體感的激光影像"技術加入持證人第二幅較小的人像照片、在卡面上加入具波浪及立體效果的透明全息圖、印有個人資料的透明窗口等，而新證在紫外光照射下，會出現一幅由會展、青馬大橋、高樓大廈與煙花等構成的彩色紫外線圖案（立法會保安事務委員會，2017）。可以預見，香港民眾又要為更換新身份證而行動，惟相對過往，則必然會更為方便了。

香港第二代智能身份證的式樣。左上：香港永久性居民身份證（正面）；右上：香港永久性居民身份證（背面）；左下：香港居民身份證（正面）；右下：香港居民身份證（背面）。（立法會保安事務委員會，2017）

表6.1 第一代和第二代智能身份證的防偽特徵對比

防偽特徵	第一代	第二代
全息圖	沒有	有，具波浪及立體效果的洋紫荊圖案覆蓋部份持證人的相片
浮雕	具視覺線條	具視覺和觸覺的文字"香港"
晶片旁有光學變色油墨印製的三角形	有	有
彩虹印刷	有	有
透明窗口	沒有	有，正面和背面開口形狀和大小不一，重疊位置有透明效果；個人資料以激光刻蝕在透明窗口不同物料層
圖案背景	扭索式圖案	更複雜的圖案（細線、六角形及扭索式）
持證人照片的激光影像	可從不同角度看的多重激光影像，右方交替看見持證人的相片和身份證號碼，左方交替看見紅色"H"和黑色"K"	具立體感激光影像的專利技術：在配有透鏡狀物料的特定位置將持證人的照片從四個不同的角度，以激光四次刻蝕成第二幅較小的照片，不同觀看角度有立體效果。此技術含透鏡狀技術（Lenticular effect）防偽元素，香港是首個亞洲地區採用
在紫光燈下圖案	非彩色	彩色的香港維港煙花景及主要建築物，如尖沙咀鐘樓，會展新翼及青馬大橋等
縮微文字印刷	有	有，更精細

資料來源：立法會保安事務委員會，2017；入境事務處網站；《立場新聞》，2017年12月22日。

表6.2　第一代和第二代智能身份證的技術及規格對比

技術	第一代	第二代
卡片物料	聚碳酸不碎膠	新的聚碳酸不碎膠 好處：提高身份證防禦磨損、屈曲，以及化學物品和熱力侵害的能力，使其更耐用及不容易被刮花
智能卡界面標準	ISO7816 是接觸式智能卡的界面規格的國際標準	ISO14443 是保密文件的智能卡晶片國際標準，支援約10厘米範圍的近距離通訊
讀取晶片資料方式	接觸式界面，須將身份證插入讀卡器	非接觸式界面，光學閱讀及無線射頻 好處：減少因與讀卡器直接接觸的損耗；e-道出入境由12秒減至8秒
晶片數據儲存容量	32/36kBytes	80kBytes
晶片內儲存的資料（包括只有入境處可存取資料的"入境事務分區"和為多用途智能身份證計劃而設的"卡面資料分區"）	證面上的持證人個人資料、數碼影像、指紋模版、非永久性居民的逗留條件、電子證書、其他非入境事務用途	持證人的姓名、中文姓名的商用電碼、性別、照片、指紋模版、居留權身份、非永久性居民的逗留條件
晶片"卡面資料分區"內儲存的資料	身份證號碼、英文姓名、中文姓名、出生日期及簽發日期	建議額外加入數碼照片及性別，例如銀行可運用容貌辨識核實客戶是否持證者，以及可免卻現時由醫護人員人手輸入性別
多用途智能身份證計劃的非入境事務應用	郵政核證機關的個人電子證書、康樂及文化事務署的圖書證服務，以及食物及衛生局的電子健康記錄互通系統（互通系統）和醫健通（資助）服務	取消電子證書功能，並另行推展在應用上不需要使用身份證的"數碼個人身分"

資料來源：立法會保安事務委員會，2017；入境事務處網站；政府資訊科技總監辦公室網站；入境事務處，2015年2月3日。

"身份證"與"身分證"之爭

身份證自 1949 年推行以來,就 identity card 的中文名稱到底是"身分證"或"身份證"問題,一直有零星的爭辯,不時有文字學者、專欄作者在報章傳媒上各抒己見,但從未廣泛引起政府和社會人士的關注。但在 1997 年香港回歸後,這場"份"、"分"之爭,卻由文人筆墨之戰帶到立法議政層面;由用字修詞的討論演變成政治原則的爭議。

事緣在 1997 年 6 月 27 日,專欄作家兼影評人石琪刊出了一篇名為〈請律政署聽意見〉的文章,指律政署在未經諮詢的情況下,把原本使用已久的"身份證"改為"身分證"是不恰當的行為。十多日後律政署負責官員嚴元浩就石琪的批評提出答辯,指出"身分"的"分"字並沒有錯,法律草擬科對"分"與"份"兩字曾作出詳細的研究,也翻查內地與香港各地的權威論述,最後才作出相信較為適合的選擇。嚴氏指出按《法定語文條例》規定,雙語法例諮詢委員會成員包括法律學者、語文學者、翻譯學者、大律師公會代表、律師會代表和立法局議員,所以已有充分的代表性。至於中文異體字,實在太多,本"崇真"的精神,作出選擇,絕不是"我選擇採用的一定對,其他的一定是錯"。針對石琪指出改"份"為"分"是違反《基本法》的指控,嚴氏更指出"我們認為《基本法》的實質內容規定絕對應該嚴格遵守，但名稱或字體也要一成不變地套用，則非《基本法》的立法本意。"香港《明報》則特意再將石琪文章與嚴元浩的回應一併刊登，而"份"、"分"之爭這場歷時超過半年的辯論亦正式揭開序幕。

支持使用"份"字者在嚴氏一文刊出後立即作出反駁，而迴響歷近 4 個月而不息，他們的行動包括在報刊發表評論文章，進行簽名行動，當中包括作家、教師等文化界中人，他們並戲稱自己為"救人護邊特工隊"。支持者的論點主要為："份"字早為約定俗成的正字；"身份"自民國起已是法律用字，內地沿用至今；只有台灣和日本採用"身分"此寫法，香港不應以台、日為師；《基本法》上亦是使用"身份"一詞，不應隨便竄改。當中亦有言詞激烈者質疑改"份"為"分"是"港英假洋鬼子效法日寇，利用文字製造矛盾"（容若，香港《天天日報》1997 年 10 月 22 日）。"……亂改《基本法》用詞的狂妄性質及其惡劣後果……追查港英律政署改'身份'為'身分'的幕後策劃人，迫他們交代有何動機有何背景……這些狂妄的編輯、記者（指用'身分'一詞者）的做法，就是變相'修改《基本法》'。"（容若，香港《天天日報》1997 年 10 月 23 日）"香港沒有什麼建國黨（台灣）之流，分裂中國文字似乎沒有市場"、"筆者熟悉之文壇耆宿……等盡皆認為'身分'不妥，殊不知有些做官的為何要別出心裁標新立異？"（馬失途，香港《信報》1997 年 10 月 22 日）原本屬正字的爭議漸變成"是否變相更動《基本法》"、"效法日寇"、"官員不顧民意想改就改"的政治爭議。

"救人護邊"派聲勢浩大，相對而言，"分"字支持者卻甚少回應，始作俑者嚴元浩只在 1997 年 10 月中在香港《星島日報》一篇專訪及 11 月 1 日一篇投稿中作出反駁，其餘贊成"改份為分"者甚少參與討論。

事件由文字筆墨戰提升到立法會議事層面，是因為專欄作者陸離於爭議一開始時曾致函臨時立法會主席及全體議員，呼籲不要刪除"亻"旁。其後她將進一步的資料及文化界"護邊派"的簽名交予范徐麗泰（當時的臨立會主席）。范太獲得有關資料後，迅速致函律政司司長，請司長正視用字問題，"用回符合基本法的字"（香港《星島日報》，1997 年 10 月 31 日）。

到了 11 月 19 日，陸離再致函臨立會"與立法會選舉有關的附屬法例小組委員會主席"主席葉國謙，請小組委員會在商議有關法例時"勿用身分、身分證減去人旁，請依從基本法及全港 6 百多萬張身份證仍用有'亻'旁的'份'字"（陸離，1997 年 11 月 19 日）。葉國謙於召開會議時將有關請求轉達各與會者，而出席的議員都就此事作出討論。"份"、"分"之爭首次上達議會。

但該次小組會議並未能平息有關爭拗，因為與會的議員本身亦是意見不一，有贊成"減邊"的，亦有"保邊"人。到底"亻"字旁能否繼續出現在香港法例或市民的"身份證"上，仍是未知數，故"救人護邊者"毫不鬆懈，不斷在報刊上發文"護邊"。

到了 1997 年 11 月下旬，形勢出現突變，臨立會議員胡經昌向臨立會提出動議案，要求臨立會廢除待省覽條例中"身分證明文件"的定義，而以"身份證明文件"代之。對"救人護邊者"而言，當真是一大支持和鼓舞。

"減邊派"可能因為"分"字早已於 1991 年刊印有關法例上，而且倡議者又身居草擬法律之職位，一直握有"去人留人"之權，故對爭議回應不多。但當"去留問題"到達議會層面，他們發覺此時已不能再保持緘默。律政司曾發函全體臨立會議員，勸喻議員珍惜臨立會會期（只有一年），集中審議"必不可少"的法例，不要將用字偏好提上議程。而雙語法例諮詢委員會主席謝志偉亦於 12 月在香港《信報》一篇文章"挺分"，及要求討論者"勿再把純粹語文的問題無謂地'上綱'，變成政治問題"（謝志偉，香港《信報》1997 年 12 月 23 日）。此外，早於 1988 年起已呼籲要改"份"成"分"的香港《星島日報》總編輯黃仲鳴，亦於臨立會討論胡經昌議案當天，發表文章討論"分份正誤"，認為語文問題"有不懂中國文字學的人在叫囂……無限上綱，還要擺上臨立會"實為"學術之淪

亡"。（黃仲鳴，香港《星島日報》，1997年12月10日）

但若非將問題"擺上臨立會、變成政治問題"，"救人護邊"這群無權無勢的"文化人"實毫無勝算，只落得"書生論政，三年不成"的局面，故謝氏及黃氏文中的要求或慨歎，對"救人護邊"派來說實"聽不入耳"。

由於"減邊派"在文章以外的回應不多，故曾有人質疑他們是否在背後"搞小動作"，有傳言在臨立會討論胡經昌議案前，一位專欄作者以"不要再寫'份、分'爭議內容"為由被停稿兩篇（文壇風波）；亦有人說"減邊派"正逐個游說臨立會議員……種種傳聞或小道消息雖未經證實，但亦反映出"保邊派"對"減邊派"行動透明度低的不滿及憂慮。

最後，胡經昌的"保邊議案"在30票反對、14票贊成的情況下被否決。但這並不意味"保邊派"全軍盡墨，因為否決的只是議案，並非議會對"分"與"份"作最終抉擇。"保邊派"仍可於立法會以後討論《人事登記條例》時重提修訂案，與"減邊派"再決雌雄。而"份"、"分"事件發展到此，雖歧見仍在，卻總算略為平靜下來，以後兩派人士偶爾有零星議論，但整體來說也無復高潮。

到了2002年9月，保安局宣佈將於2003年替市民換領新的智能身份證，並決定以"身份證"作為新一代智能身份證的定稿。就此，香港特區政府當局的理據是："……兩者的差異影響不大，不必為法例採用'身分證'而在卡面設計上棄'份'採'分'，因為卡面設計用字只是一項行政政策，法例沒有訂明身份證的卡面設計，而'分'與'份'兩字互通，現行法例採用'身份證'亦有其歷史因素及理據。"（香港《明報》，2002 年 9 月 24 日）

也就是說，《基本法》仍使用"身份證"的名稱、《人事登記條例》沿用"身分證"的寫法，而香港市民身上形影不離的卡片，上面則繼續會印"身份證"三字。在這有趣的異同間，正表現了香港多元精神，也如香港獨特奉行的"一國兩制"，連用字也"一港兩分／份"了。

至於本書在決定到底是採用"分"或"份"時，也曾經過一番激烈爭辯，最後還是認為"俗"一點無妨，決定跟我們身上身份證的用字，捨"分"取"份"了。說實在，我們認為"分"和"份"在意義上基本上是可以互通的，因此，不應花太多的時間和太大的精力去辯論了。

第二代電腦身份證上符號的意義

另一個有趣的問題是有關第二代電腦身份證上的符號。在身份證的出生日期一項之下，我們會發現有一連串的符號及英文代碼，例如"***"或英文字母等，不少人對這些字母和符號代表的意義或有何作用毫不了解，甚至有人會視而不見。其實，這些字母各代表了不同的意思，作為身份證的持有人，似乎不應該漠視。

"***" 此標記最為人所熟悉，若隨便問問身邊的香港居民它代表的意思，相信不少人都會說有 "三粒星" 代表擁有永久居留權，在第一代電腦身份證推出初期，亦有人以自己擁有 "三粒星" 來說笑，表示自己是一位 "合法合格" 的香港居民，這只怕是一個美麗的誤會。根據港英政府入境事務處的資料所載，原來 "三粒星" 只表示持證人年滿 18 歲，有資格申領回港證，政府還特別強調星號標記與身份證持有人是否在港享有居留權無關。到底這誤會從何而來，相信是與三粒星具有換領回港證權利所致吧。蓋有權利領取回港證的，大部份屬香港永久性居民。其次，自 1987 年 5 月 1 日起，入境處推行一項名為 "出入境簡化計劃"（Easy Travel Scheme），居民身份證上如有三粒星的，可以單憑身份證，便可以進出中國內地或澳門，而毋須出示旅行證件和填寫入境申報表。因此，三粒星便給市民帶來誤會，之後又以訛傳訛，以為是永久性居民身份的象徵了。時至今日，部份市民仍有此錯誤觀念，可見此印象相當深入民心。至於香港身份證上只有一粒星的標記者，並非無居留權人士，那只不過是代表持證人為 11-17 歲，同時又有資格申領回港證罷了。

在星號標記後是一連串的英文字母，其中最重要的應是位列第一的英文字母"A"字，它才是代表持證人擁有香港居留權。其後的字母代表持證人的性別，"F"代表女性、"M"是男性。第三個英文字母代表證人的出生地，"Z"是持證人報稱在香港出生、"X"的持證人報稱在中國內地出生、"W"的持證人報稱在澳門地區出生、而"O"的持證人則是報稱出生於其他地區或國家。

若持證人所報的出生日期已經由入境處與其出生證明書或護照核對，其身份證會有一"Y"字。但若持證人的出生日期、出生地點或性別自首次登記後曾作出修改，身份證上會加上"B"字以資識別。若更改的是持證人姓名，則以"N"字代表。

不少人的身份證上印有"R"字，代表持證人登記領證時已擁有香港入境權。較特別的是"U"字，相信有此代號的人一定大有來頭，因為持證人登記領證時在香港的居留不受入境事務處處長的限制；而如果持證者無此特權，在香港居留便須受到入境處處長的限制，在身份證上，便會出現"C"字了。

在這一長串英文代號的下一行，會有"H1"、"K2"、"S1"等符號，它們是代表證件發出的辦事處。（〈入境事務處覆函〉，2002）若持證人曾遺失身份證，便會出現"L"的字母，遺失一次是"L1"、兩次是

"L2"⋯⋯ 如此類推。若有人太善忘而經常遺失身份證,又或是因為不滿身份證上相片質素"拍得不夠靚"而多報失補領,L 之後的數字便會愈大。可不要以為這是無關重要的問題,在身份證有"黑市價"的今天,當警員截查時,若上面印"L10",可以想像警方會對持證人抱有何種懷疑態度呢?

身份證上的照片

照片是身份證的重要識別元素。在申領身份證時,申請人必須在人事登記處攝取照片。最初的照片,背景上刻有申請人的高度,而且在拍攝時如果是佩戴近視眼鏡的,也必須除下。一直到第一代電腦身份證時期,有關照片的攝取,才出現一些較大的改變。原本刻有持證人身高的標記取消了,而如果持證人是佩戴近視眼鏡的,也可以不用除下,只是如果本身沒有近視的,而在拍照時要求佩戴眼鏡,則不會允許;至於佩戴帽子或有色眼鏡,則更加是一律不能容許了。

另一點是關於拍照時的"笑容問題"。在換領第一代電腦身份證時,到底是"請坐好,望向鏡頭,笑一笑"還是"請坐好,望向鏡頭,不准笑"呢?這問題在 1984 年時曾經引來連串爭論。事緣轟動一時而有"雨夜屠夫"之稱的林過雲案件剛巧審結不久,有一些香港大學牙醫學院的教授們，在該案中提出一些用牙齒辨別個人身份的方法，因此向港府建議在更換身份證時，可以要求申請人“露齒”而笑，“以便紀錄每個香港市民的牙齒特徵，增加一種證明身份的方法”（香港《星島日報》，1984 年 4 月 19 日）。這個建議雖然具有創意，但得不到大部份人士的認同，其中更有港英政府高級官員認為這樣的“露齒大笑”，反而會使照片失去辨別持證人“真面目”的功能，顧此失彼。因此，他們不贊成在攝取照片時“露齒大笑”。

為此，人民入境事務處最後發表聲明，指出為避免“持證人的真實面貌”受破壞，攝取照片時，還是不會容許“露齒大笑”，但微微一笑，還是可以接受的。換言之，市民在攝取照片時，准許淺笑或微笑，但卻不可以“笑到擘大個口（張大嘴巴）”。（香港《星島日報》，1983 年 4 月 19 日）由於這個規定，日後的身份證便有笑容的出現。

身份證的遺失與補領

自簽發身份證開始，便有粗心大意的市民因各種原因而將身份證遺失或弄損，因而需要補領。按人事登記條例的規定，任何市民必須妥為保存自己的身份證，無故弄污或破壞，均屬違法。如若是無心之失，使身份證破損或遺失時，則是例外。當證件破損或遺失時，持證人必須重新申領身份證。根據人事登記處資料，每年均有不少市民因遺失身份證而需要補領，人事登記處每年便有數百張遭人拾獲後交回人事登記處的身份證，但該處則無法將該證交還失證人手上，而當局每季均有公佈一些遺失的身份證而待領的消息。（香港《星島日報》，1969 年 11 月 16 日；1973 年 2 月 10 日）

其實按正常程序，如果持證人在人事登記處的資料屬實，當失證被送到人事登記處，該處便可以按登記時的個人資料，例如地址或聯絡電話，通知他們取回證件，這樣便不會有"失證沒人領"的情況出現。不過很多時候，因為遷移或其他各種理由，持證者的資料已經變更，但又沒有通知人事登記處，因此遺失的證件便沒法子交到持證人的手上，變成"失物待領"了。一般而言，人事登記處會在收到失證後保持 3 個月，如該時段內仍沒人領取，便會銷毀了。而遺失身份證的市民，便需補領，多繳費用和多花時間了。

政府在處理報失和補領辦領身份證的手續上，也作出若干改變。20 世紀 60 年代前，遺失身份證是一件大事，當事人由於需要先向人事登記官證明自己的證件已經遺失，因此需要先到警局報失，然後再到相關部門辦理"宣誓"手續，之後才能辦理補領。後來手續略為簡化，取消"宣誓"的部份，只要報警拿取證明，便可以申請補發了。進入 20 世紀 90 年代，連報

在 1960 年代，入境處已在港九新界各區設立辦事處為市民提供領取和補領身份證的服務。圖為深水埗分處。（香港特別行政區政府提供）

警的手續也免除了，遺失者只需到人事登記處報失，經該處核實後，便可以馬上辦理補領了，這樣可以減少很多不必要的繁複工作和浪費人力。

港督與隨身攜帶身份證之規定

在殖民統治時期的諸位港督中，相信只有衛奕信一人，才領有香港身份證。在 1949 年前的港督，由於身份證制度仍未施行，當然不會領取身份證。自 1949 年葛量洪時代以後，由於港督（及其家屬）可以得到豁免，因此也不會領取身份證。直至衛奕信在任期間，他為了推廣第二代電腦身份證，乃親自領取了第一張電腦身份證，因此成為第一位，也是唯一一位領取香港身份證的港督。（香港《星島日報》，1987 年 7 月 2 日）有趣的是他所領取的身份證，是已經取消了英國的殖民主義色彩，而且可以過渡九七的身份證，不過，我們則不知道他所領取的是否香港永久性居民身份證。至於 1997 年後的特區行政長官，由於按《基本法》的規定，他們必須為香港的永久性居民，因此，必須已經擁有香港身份證了。

強逼攜帶身份證法例通過後，警方截查市民並要求出示身份證的行動，大大增加了。初時很多市民因為不太習慣，因而忘卻攜帶身份證的情況，並不少見。當中有些更因此而被檢控，要鬧上法庭，遭受罰款。由於有愈來愈多市民因為忘記攜帶身份證而被控，增加了法庭的工作，例如在 1981 年 11 月 4 日，在銅鑼灣法庭上，便有 39 名市民因為忘記攜帶身份證而被檢控。當時的法官批評警方無故截查一般市民的手法，認為法例上雖然規定每個成年市民均須攜帶身份證，但警方實在不應無緣無故截查，這對普通市民而言是不公平的。法官威爾遜說：“警方只有權截查可疑人物，而非一般市民。”因此，威爾遜認為“那 39 名市民被帶返警署落案數小時，已受了應有的懲罰”，因而免除了他們的罰款。（香港《星島日報》，1981 年 11 月 5 日）隨後的半年內，法庭在不施罰款的情況下，一共便釋放了三百多名忘記攜帶身份證的市民。判決引來法律界和社會的爭議，有市民表示支持，也有市民提出反對。支持者同意警方實不應任意截查市民，造成滋擾；而反對者則指出法律賦予警方的權力，警方只是依法執行，而當時港英政府正在嚴厲打擊非法移民，法官的做法只會破壞港英政府決意打擊偷渡的形象，給非法移民傳遞錯誤的信息。另一方面，也會打擊執法人員的士氣，形成"你有你抓，我有我放"的情況。

就法律定義上的含糊不清，港英政府再就法例相關條文作出修訂，其中就"隨身攜帶"的定義作出更為具體的闡釋。新的定義指出持證者若能在 100 米範圍內，出示身份證，那也算符合"隨身攜帶"的條件。

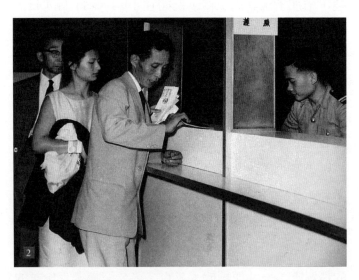

昔日香港市民通常是在出入境時才需攜帶身份證。圖為 1960 年代啟德機場關員檢查旅客證件的情形。（香港特別行政區政府提供）

其次，警方也必須有充分理由下，才能截查市民身份證。這些理由主要是：（一）有跡象懷疑當事人為非法移民，或（二）有跡象懷疑當事人有非法活動。（香港《星島日報》，1981 年 11 月 16 日）自此修訂後，市民攜帶身份證的規定和執法人員截查身份證的守則，便更加清晰了。

結語

在過往接近半個世紀內，香港身份證制度並不是一成不變的，相反，我們看到它時刻在變，以適應社會的發展。最初的身份證只是單純的身份證明文件，證件本身既不美觀，也容易破損，更不方便攜帶。到了今天，身份證不單單具有證明身份的功能，更可兼作別的用途，而證件美觀、防水、耐燃，更能切合現代社會的需要。這些轉變，恰好印證了身份證制度可以與時並進，配合社會發展的特性。

第七章 身份證與移民政策

引言

　　從回顧香港身份證發展的歷史中，我們不但可以找到香港社會發展的一些足跡，同時也可以了解香港的移民及人口政策。很多研究香港的社會或歷史的學者，都一致地指出香港是一個移民社會，人口遷移和流動頻仍，絕大部份香港華人或他們的祖、父輩，通常是由珠江三角洲及廣東省沿岸一帶移居香港的。（廖柏偉、林潔珍，1998）

　　在地理上，香港位處中國東南海岸線上，與深圳只是一河相隔，一衣帶水，因此兩地的聯繫十分密切。在沒有設立身份證制度之前，由於兩地人民的進出往來，基本上不受限制，邊境界線也十分模糊，內地人士來香港工作經商，或香港居民每逢重要時節返鄉省親等，皆屬平常，兩地接觸交流十分頻密。（丁新豹，1989 & 1997；元建邦，1993）對於大部份香港移民而言，他們在港謀生，賺了錢便匯回家鄉，供養父母、妻兒或置田建屋。（霍啟昌，1992；Hicks, 1993）因此，香港被視為"暫居地"、"寄居地"或"旅居地"，他們在香港停留或工作，只是短暫的和臨時的。

到最後，還是會選擇"落葉歸根、告老還鄉"，回到中國內地的故鄉的。所以他們有一種強烈的"過客心態"（sojourner mentality），香港只是這些過客們"暫時歇息"的地方而已。

在20世紀60年代前，移民人口佔整體人口的比率較大，每當內地發生政治、社會或經濟震盪，便會有大量難民湧入香港，而當香港社會不穩，則有大批華人回流內地。例如1925年及1926年發生省港大罷工期間，便計有25萬人返回內地，佔當時總華人人口的30%，工潮結束後才重回香港。（丁新豹，1997）又如日本侵華期間（1937-1941年），大量內地人民南逃避難，香港人口由80萬人上升至180萬人。到香港被日軍佔據，人口又銳減，在淪陷時期（1941-1945年），大部份香港居民又被逼逃回家鄉避難，香港人口只剩下60萬人。日本投降後，二次世界大戰結束，中國內地再次陷入內戰，社會動盪，華南一帶人民又大量湧到香港，香港人口又急速上升至接近160萬人（1946年），到1950年底，香港人口更上升至200萬人之數。（Endacott, 1964；冼玉儀，1997；蔡榮芳，2001）中國內地和香港聯繫緊密，進出沒有限制的結果，便是人口流徙嚴重，居民對香港的歸屬感也較低。

身份證制度與人口流動

在 1961 年前，香港的人口結構是非本土出生的華人人口多於本土人口。在 1941-1951 年這段時間，由於受戰亂影響，人口流動較大，因此沒有較為詳細和確實的統計數字。至於在 1911-1931 年的統計數字中，移民人口往住佔六至七成，本土出生的，則只有二成半至三成。（見表 7.1）移民人口比例這麼大的情況，在其他社會是十分罕見的。自港英政府在 1949 年底推出的身份證制度和其相關的移民進出境條例後，人口流動開始受到限制，香港人口結構出現重大轉變，本土出生的人口漸多，而中國內地出生的比率則漸減。從那時起，香港開始出現較為穩定的人口結構，形成一群視香港為家的人口，這是香港本土文化和身份認同的重要轉接期。

中華人民共和國成立之初，有部份海外華人受社會主義號召，回流內地協助國家建設，而由中國內地進入香港的人口，則並不多見。1951 年，中國為了抗衡美國而捲入朝鮮戰爭，結果受到以美國為首的西方國家實施貿易禁運，因此，在 1951-1957 年這段期間，中國內地和香港的交流互通幾乎斷絕，華人移民進入香港也是少之又少，一直到禁運終止，兩地才漸次恢復交往，中國內地移民又開始大批大批地湧到香港。

1960 年 6 月，港英政府宣佈為全港市民更換身份證，並按原本身份證編號先後次序，分批換領。就在分階段更換身份證的過程中，在邊界地區開始陸續出現來自中國內地的非法入境者。起初，港英政府對於來自中國內地的非法入境者抱有戒心，並且一再透過英國外交部向中方提出約束人民進入香港的要求，但情況卻一直未見改善，為數不少的中國內地的非法入境者仍以各種形式越過海陸邊界，進入香港。

　　1961 年 3 月，港英政府規定對新入境者申請身份證的手續作出界定，新入境者須經觀察 3 個月，方能獲發身份證，這種做法，無疑令新來港者有一個獲

表7.1　歷年的香港人口與出生地

年份＼出生地	香港（%）	中國內地（%）	其他地方（%）	總人口（人）
1911	31.5	62.2	6.3	456,700
1921	26.7	70.1	3.1	625,200
1931	32.5	64.3	3.2	849,800
1941	n.a	n.a	n.a	1,444,337
1951	n.a	n.a	n.a	2,001,300
1961	47.7	50.5	1.8	3,129,600
1971	56.4	41.6	2	3,936,630
1981	57.2	39.6	3.2	4,986,560
1991	59.8	34.4	5.8	5,922,281
2001	59.7	32.5	7.8	6,708,389

資料來源：Hong Kong Census & Statistics Department, 1971-2001;
　　　　　Hong Kong Blue Book, 1841-1940;
　　　　　Fan, 1974.

圖為 20 世紀 60 年代，一批從海路偷渡的內地非法入境者。（香港
特別行政區政府提供）

取香港居民身份證的機會。1962 年年初，也即農曆新
年過後不久，內地非法入境者開始大批大批地湧到香
港。按當時一些報章上的估計，每天約有數百人，越
過陸路邊界，進入香港。（香港《星島日報》，1962 年
2 月 27 日）之後，情況更趨嚴重，單在 1962 年 5 月
16 日的一天內，便約有五千多人，由新界邊界地區剪
破鐵絲網湧入香港。（香港《星島日報》，1962 年 5 月
17 日）就此，有報章更以 "五月大逃亡" 來形容這次
的大移民浪潮。非法入境者問題開始成為社會的 "頭
條新聞"，備受關注。直至該年的 5 月底，中國內地嚴
格限制人民離境，非法入境者問題才稍為緩和。

"抵壘政策"的實施

為了處理這批為數不少的非法入境者,港英政府酌情處理。在 1962 年 5 月 31 日,實施給新來港人士領身份證的新規定,給予那些可以成功抵達市區而又有親友接濟,加上本身具有工作能力的人士簽發香港身份證,變相承認了他們"合法"移民的身份;但對於在邊界截獲的難民,仍會按慣例將他們遣送回內地,這便是日後的"抵壘政策"。

1962 年 6 月 2 日,新界鄉議局舉行會議,便強烈抨擊港英政府這種只容許進入市區的非法入境者領取身份證,而對在新界截獲的,則即捕即解的人口政策,認為這對新界地區的居民而言是充滿歧視性的,因此要求港英政府應該對港九、新界一視同仁,待遇同等,只要非法入境者進入香港邊界(也即新界地方),也應該准許他們申領身份證。(香港《星島日報》,1962 年 6 月 3 日)可是,港英政府認為如果這樣做將給偷渡者傳遞錯誤訊息,鼓勵更多人非法進入香港,給香港社會帶來更加沉重的負擔,因此對新界居民的抗議和要求,表面上是"意見接受,方式照舊",但實際上卻盡量減少在邊界地區截查非法入境者,讓他們進入市區,再鼓勵他們前往人事登記處登記的情況。

到同年的 8 月 11 日,隨着偷渡者湧入的情況稍為減退，人事登記處為這類人士登記的手續亦已告一段落，該處乃恢復分階段為香港市民更替"夾心"身份證的程序。同月月中，港英政府修訂了入境條例，嚴禁非法入境者。不過，政策對打擊偷渡者湧入並不收效，偷渡人士仍會趁中國內地的邊防政策稍為鬆弛時，潛入香港。對此，港英政府仍然如舊給予抵達市區的、有親友接濟並且可以獲得工作的人士發出身份證。

自本報報導內地來港人士如已有職業工作者可以依法申領身份證後，申領身份證者有相當增加……該分處門口有一個木牌，是黑板白字，在"新來港人士登記"項下，有"接受辦理"的字樣，顯然是歡迎新來港而未領有身份證的人士前往登記。記者昨晨獲與該分處辦事人接觸，問及從內地來港者申領身份證手續如何，他說手續很簡單，從內地入境者不論時間多久，只攜帶一個半身相片來到本處登記，人事登記處即為之拍照，並將此事移交人民入境辦事處，約好日期與申請者見面談及查閱內地證件，如果滿意即由人事登記處發給身份證。（香港《星島日報》，1966 年 4 月 30 日）

俟後，更有團體和組織答應願意給新抵港移民擔保，讓他們可以申領身份證。"港九若干街坊會領袖，現正考慮向本港人民入境事務處與人事登記處進行一項請求：凡由中國內地來港的人，包括非法入境而未獲有職業者，一律准予由各區街坊會出具證明書擔

174

保，可向人事登記處辦理登記手續，不虞遭拘捕或遣回。"（香港《星島日報》，1966 年 5 月 31 日）面對這種情況，港英政府仍採取一貫的"兩面政策"，一方面是嚴正聲明會禁止非法入境者；另一方面則鼓勵已抵達香港者向當局登記，領取身份證。舉例說，港英政府多次強調不會"無故拘捕非法移民"，而是要求他們盡快前往登記和申領身份證，例如人事登記處便不止一次地提出："本處的職務是登記及簽發身份證給申請的人士，關於他們是否為非法入境的問題，非本處的職責範圍"一類的說話，帶出十分清晰的信息，即是"不會將非法入境難民遣送回內地"。（香港《星島日報》，1967 年 3 月 26 日）

1968 年 3 月 18 日，人事登記處處長苗祚召開記者招待會，交代自 1960 年實施人口登記以來，前往登記並領取身份證的一些具體數字，但從這些數字中，我們不難窺視港府人口政策的一些基本方向。苗氏表示在該段時間內，登記並領取身份證的人數共有 335,780 名，其中非法移民有 236,009 名。也即是說，新來港者領取身份證的比率，接近八成，苗祚本人便十分直接地指出："這顯示了政府對非法移民（採取）寬大政策，為了解決他們的問題，（非法入境者）是無須畏怕到人事登記處的。"（香港《星島日報》，1968 年 3 月 19 日）事實上，當年進入香港的難民實不只此數，有很多散居新界的難民，因交通、資訊等因素等，並沒有向當局登記並領取身份證，這些人士在政府的數據中，就不能反映出來了。無論真實人數是多少，港府對待難民較為開放的態度，則是十分明確的。

1971 年 8 月 23 日，港英政府就香港居民在身份和權利上作出較為清晰的界定和劃分，這是香港移民及人口政策發展上的重要里程碑，該政策的原則是給予那些符合某種資格的非本土出生的華人移民擁有永久性居民身份。在此政策推出之前，所有非香港本土出生的華人，均被視作移民，是臨時人口，他們可以隨時被拒絕入境，也可以被遞解出境或遣回原籍，新政策則規定非本土出生的移民，如在香港連續居住 7 年或以上的，便可以享有永久居留權，而他們所享有的權利也與本土出生者完全相同。就此規定，人民入境事務處處長戈立（W. E. Collard）在 1972 年 3 月 23 日發表公佈，宣佈自 1972 年 4 月 1 日起，落實該政策。換言之，所有香港華籍居民（也包括原籍英國的人士在內），如在任何一個時期連續在香港居住 7 年者，可享有居留權並獲得香港永久性居民的身份。（香港《星島日報》，1972 年 3 月 24 日）公佈如下：

《人民入境事務處佈告》

1971 年人民入境條例關於有權進入香港之人士事宜

查香港法例 1971 年第 55 條人民入境條例已定於 1972 年 4 月 1 日開始施行。根據本條例第八款第（一）段之規定，下列各類人士均有權進入香港：

（甲）香港本土人士；

（乙）在香港居住之英國人；

（丙）華籍居民。

二、香港本土人士

此類人士是指：

（甲）在香港出生之英籍人士；

（乙）在香港歸化英籍之人士；

（丙）依照英國國籍法第七款第（二）段之規定，在香港登記為英籍之人士；

（丁）現與或曾與上述（甲）、（乙），或（丙）各類人士結婚或為其子女之英籍人士。

三、在香港居住之英國人

此類人士是指在任何時間內曾在香港通常連續居住不少過 7 年之英國人。英國人是指由於在英國出生，領養，歸化或登記而成為英國及屬華籍居民。

四、華籍居民

此類人士是指外來之移民（即非香港本土人士），且是

（甲）純粹或局部具有中國人血統；及

（乙）在任何時間內曾在香港通常連續居住不少過 7 年者。……

人民入境事務處處長　戈立

在公佈此政策的記者會上，當時港英政府的官員

更加直接地道出此法例的實施，將可"使香港市民，可以更加安心地（居）住在香港"（香港《星島日報》，1972 年 3 月 24 日）。事實上，這一重要政策變動，表示非本地出生的華人，不再被港英政府視作移民人士看待，他們也可以與土生土長的香港居民一般，享有相等的法律地位和保障，這是港英政府移民政策的重大轉變，也是香港社會發展的一個重要轉捩點。

有了這種居留權上的差別，港英政府也着手設計身份證，以配合這一新政策。結果，當局採用以身份證上印章的顏色作為區別，如果持證者享有永久居留權（也即永久性居民），其身份證上的印章，以黑色代表；如果持證者沒有永久居留權，印章則以綠色代表。這便是後來"黑印居民"與"綠印居民"的由來。

"抵壘政策" 的廢止

有鑑於香港人口增長迅速，而非法入境者又"不絕於市"，港英政府開始改變過往較為寬鬆的移民及人口政策，在 1974 年改為嚴格執行"抵壘政策"，即只有真正到達市區的非法入境者，才可以給予身份證。與此同時，港英政府也加緊在邊境巡邏，阻止非法入境者，如果在邊界地區發現非法入境者，均會即捕即解，遣返中國內地，藉以控制漫無止境的偷渡潮。

自 1978 年中國內地結束閉門政策並推行經濟改

在撤銷"抵壘政策"的限期前，入境處人員正為合資格的非法入境者辦理登記香港身份證的手續。（香港特別行政區政府提供）

革後，非法入境者湧入香港的浪潮又起。人口稠密、生活富裕的香港社會，無論在住屋、教育、醫療和就業等方面，已經再也承受不了這些持續不斷、大批大批的外來移民了，因此港英政府已經積極籌劃全面阻止和堵截非法入境者湧入香港的方法。1980 年 10 月 3 日，趁中國外交部長黃華訪問香港時，當時的港督麥理浩（M. MacLehose）便與中方交換有關遏止非法入境問題，雙方就此問題達成共識。同年 10 月 19 日，麥理浩訪問廣東省，與省政府領導人再就非法入境者的問題進行更深入更具體的討論，最後達成協議，粵方同意收緊邊境防務，嚴防偷渡者離開邊境。

麥理浩回香港後，再與行政局議員商討具體控制非法入境者進入香港的政策。在 1980 年 10 月 23 日，港英政府再將草案提交立法局並火速通過《1980 年人民入境（修訂）（第 2 號）條例》，宣佈為了對付非法移民，取消"抵壘政策"，轉為實行"即捕即解"。

港府宣佈：由今日（10 月 23 日）開始所有由中國內地抵達香港之非法入境人士將會被遣返中國。立法局今日會議席上通過新法例，實施上述政策，新措施並且：（一）規定市民必須在本港任何地方攜帶身份證；（二）禁止非法入境人士就業；（三）嚴厲處分聘請沒有身份證明文件人士的僱主。另一方面，所有已經在香港境內的中國非法入境人士，如果未有登記申領香港身份證，將可由現在直至 10 月 26 日（星期日）止一段時間，前往登記。如果他們在此期間仍沒有登記，他們將被遣返中國。（《香港政府新聞公報》，1980 年 10 月 23 日）

從那時起，"抵壘政策"正式廢止。在"即捕即解"新法例實施前的 3 天寬限期內，要求他們從速登記。寬限期過後，則只會"即捕即解"。在這 3 天的寬限期內，一共有 6,952 人前往設於港島金鐘華人延期居留辦事的特別登記中心，登記並領取身份證，這些非法入境者，成為最後一批獲得香港居民身份證人士。

自 1980 年 10 月 26 日起，在"即捕即解"的新移民政策下，所有非法移民一經截獲均會被遣回內地，如果內地人士希望取得香港身份證並在香港定居，便只有透過合法移民方式，向兩地政府申請了。

"抵壘政策"的功用和意義

問題是為什麼從 20 世紀 60 年代至 80 年代初，這段時間港英政府會實施"抵壘政策"，讓內地非法入境者在抵達市區並接觸到在香港的親人後，便可獲准在香港居留；而在新界等邊境範圍被截獲的，則會被遣返內地，這種自相矛盾的入境政策呢？表面上看這政策存有若干不合理的地方，但實際上卻是基於香港社會的經濟和勞工需要而作出的。事緣自二次世界大戰結束後，中國再次陷入內戰，藉此中國人民解放軍席捲全國之勢期間，大部份資本家湧到香港。香港便在此時吸納了大批大批來自中國內地的資本、機械設備、生產技術以及生意網絡。（Wong, 1988）這批南來逃避戰火的企業家，再結合大量南來的低廉勞動力，使香港可以迅速發展起本地工業來。

自 1950 年起，香港生產的物品，出口量每年均大幅增長，經濟發展逐步上揚。（Szczepanik, 1958）可是自 1951 年起，由於中國政府支持朝鮮，對抗扶掖韓國的美國，因而遭受西方世界"貿易禁運"的制裁。香港跟隨英國的外交政策，自然也要加入制裁的行列。

因此，香港與內地的接觸和聯繫也幾被割斷了，而原本賴以生存的轉口貿易，也急速萎縮，香港經濟出現危機，在無可奈何之下，香港只好傾全力發展本土工業，這樣一來，原本已初具規模的工業，發展便更加一日千里了。香港把握這個關鍵時刻，化危為機，在全體市民同心勠力的奮發下，發展起本土工業，香港的工業也因而快速成長起來。

人手密集的工業，工資的高低決定了貨物的競爭力，而工資的高低卻與勞動市場的供求關係密切。要提高香港貨物的競爭力，推動香港的工業不斷發展，大量廉價勞工的供應，更是必不可少的。自 1951 年西方世界對華實行禁運以後，中國內地與香港之間的互通已經終止，移居香港的人口，也大幅減少。到了 20 世紀 60 年代，香港的工資已有上升的勢頭，這對初露頭角的香港工業發展有不利的影響。1962 年開始有大批由深圳邊境進入香港的偷渡者，正好給香港的工業帶來 "大量新血"。港英政府初時仍有戒心，但後來發現來者並非 "不善"，反而對香港經濟有利，乃實行所謂 "隻眼開隻眼閉" 的政策，善待 "非法入境者"，全部發給身份證。

隨後，中國政府嚴格規限人民進出境，偷渡潮漸見退卻，但到 20 世紀 70 年代，偷渡潮又起。由於港英政府發覺非法入境者可以帶來低廉的勞動力，在口頭上香港不能公告天下，可以接受所有來香港的偷渡者，但從利益上考慮，卻願意接受這些低廉勞工，因此乃有在"欲拒還迎、半推半就"之間，選擇性地執行"抵壘政策"。究其原因，正是因為非法入境者可以給香港帶來廉價的勞動力，有利本地的工業發展所致。

其次，當年的非法入境者，大多數為年青力壯人士，他們抵達香港之後，由於害怕被警方截獲後遣回內地，乃匿藏民間，散居全港。有報章更估計當時的"黑市居民"多達十萬人之巨。（香港《星島日報》，1967年1月15日）港英政府若然要將他們全部捉拿，已是不可能，形成一個"米已成炊"的局面，如果不把他們登記，港英政府對人口方面的估量，一定會出現嚴重偏差，這樣對社會整體發展，尤其教育、住房和福利方面的計劃，並不恰當。此外，讓大量非法移民藏身民間，就如計時炸彈一樣，將給社會治安帶來更壞的影響。因此港英政府唯有接受現實，寧可鼓勵這些非法入境者出來登記，給予身份證，從而獲取香港的真實人口數字，藉以減少社會內部的潛在風險。

可是，到了20世紀70年代末，香港社會發展已經相當富裕，原本勞工密集、低成本的工業已逐漸給高增值和高技術的行業所取替。持續湧入的偷渡者不但不能為香港的經濟發展帶來有利的競爭優勢，反而給香港的公共衛生、教育、住屋和社會治安等帶來更負面的衝擊，直接削弱香港的整體競爭力。為了防範未然，減輕社會負擔，港英政府乃急急謀求對策，

1980 年 10 月 23 日，宣佈取消“抵壘政策”，改為對非法入境者實施“即捕即解”的政策，這正是港英政府所制訂的重大移民及人口政策之一。

“抵壘政策”的另一深層意義則和香港人口結構有關。這政策標誌着原本開放型的移民及人口政策，已經結束，非法移民就算已經進入香港，也不會再受到歡迎和接納，反而會被遣回原籍。香港人口的發展因而更加穩定下來，香港開始出現以本土人口為主導的結構。從那時起，香港人口的增長，主要便是本土出生和合法移民進入香港的人口所組成的。

表7.2　從內地來港的非法入境者人數

年份	非法入境被捕人數	每年增（減）百分比
1981-82	9,220	——
1982-83	11,160	21.04
1983-84	7,604	（31.86）
1984-85	12,743	67.58
1985-86	16,010	25.64
1986-87	20,539	28.29
1987-88	26,707	30.03
1988-89	20,808	（22.08）
1989-90	15,841	（23.87）
1990-91	27,062	70.84
1991-92	27,397	1.24
1992-93	38,793	41.60
1993-94	35,367	（8.83）

年份	非法入境被捕人數	每年增（減）百分比
1994-95	30,927	（12.55）
1995-96	25,651	（17.06）
1996-97	23,132	（9.82）
1997-98	15,010	（35.11）
1998-99	14,892	（0.78）
1999-00	11,070	（25.66）
2000-01	8,140	（26.47）
2001-02	8,260	1.47
2002	5,362	（35.08）
2003	3,809	（28.96）
2004	2,899	（23.89）
2005	2,191	（24.42）
2006	3,173	44.82
2007	3,007	（5.23）
2008	2,368	（21.25）
2009	1,890	（20.19）
2010	2,340	23.81
2011	1,631	（30.30）
2012	1,286	（21.15）
2013	952	（25.97）
2014	736	（22.69）
2015	783	6.39
2016	465	（40.61）
2017	722	55.27

注：2002年之前的數字以財政年度計算，2002年起則以"年曆年度"（calendar year）計算。

資料來源：1981-1990年的資料參考林潔珍、廖柏偉（1998）；至於1990-2001年的資料則來自Immigration Department, 1997-2002；2002-2017年的資料由入境事務處提供。

第七章　身份證與移民政策

港英政府雖然嚴格執行"即捕即解"政策,但因為兩地生活水平相差太大,很多非法入境者仍然為了爭取一紙香港身份證,不惜以身犯險,以各種方式偷渡來香港。自 1981 年起,至 1993 年止,每年非法進入而被有關執法人員捉拿並遣回原地的人數,升多降少。其中自 1989 年 6 月以後,最為顯著。在 1990 年起,廣東省地區有謠傳港英政府有特赦,只要在香港取得"行街紙",即可取得香港居留權,致使非法入境者入境並自首人數突然暴升。到 1992-1993 年度,更高達 40,000 人之巨。之後港英政府一再作出澄清,香港不會再給予非法入境者特赦,非法入境者一經截獲,一定會被遣返內地。又在邊境地區加強與廣東省方面的合作,積極堵截,非法入境者的數目由 1992-1993 年度起逐年下降,非法入境問題才漸漸得到改善。由 2000-2001 年度起,當局只錄得 8,000 名左右,這是自"即捕即解"政策實施以來的較低紀錄了。(見表 7.2)

香港特區政府的新移民政策

回歸之後,大量非法移民湧入香港已成歷史,越南船民問題(由於與本文沒有直接關係,因此沒有論及)也已是明日黃花,但移民問題仍舊是香港社會的一道大難題。可是現時的移民問題(或稱為"新移民"），與過往的，又有本質上的差別。或者可以這樣說，現時的移民問題，是上一代移民者的延續和衍生。因此，在處理上，也變得千頭萬緒，十分複雜。在討論現時的移民問題時，焦點主要集中在下列人士身上：（一）以"單程證"形式來港人士；（二）擁有香港"居留權"的港人內地子女。事實上，按香港《基本法》第二十四條的規定，下列人士在香港可享有居留權及取得永久性居民身份證：

（一）在香港特別行政區成立以前或以後在香港出生的中國公民；

（二）在香港特別行政區成立以前或以後在香港通常居住連續七年以上的中國公民；

（三）第（一）、第（二）兩項所列居民在香港以外所生的中國籍子女；

（四）在香港特別行政區成立以前或以後持有效旅行證件進入香港、在香港通常居住連續七年以上並以香港為永久居住地的非中國籍的人；

（五）在香港特別行政區成立以前或以後第（四）項所列居民在香港所生的未滿二十一周歲的子女；

（六）第（一）至（五）項所列居民以外在香港特別行政區成立以前只在香港有居留權的人。

就"居留權"的闡釋和理解上，牽涉很多法律問題，我們並非這方面的專家，因此不作評論。單就移民人口上看，截至 2001 年 3 月 21 日，共有 91,600 人以擁有香港"居留權"為理由，來香港定居，其中絕大部份移民——九成多——的年齡是 20 歲或以下的。（香港青年協會，1999；Immigration Department, 2001）至於以"單程證"來香港與家人團聚的港人配偶或子女，自 1988 年至 2000 年，這十二年內，共有 544,710 人。若將兩者加在一起計算，總數是 636,310 人，約為香港現時總人口的一成，比率不可謂少了。（見表 7.3）

在本書第五章 ，我們提到在 1960-1973 年這十三年內，也有大量非法移民湧入香港，但兩者在性質上卻有巨大差別。（一）人口性質不同。20 世紀 60-70 年代的移民人口絕大部份是青壯人口，他們可以給香港提供廉價勞動力，而給社會造成的負擔反而較少；但現時的"新移民"則大部份屬港人年幼的子女或妻室，屬年青的依賴人口（dependent population），給社會帶來沉重的負擔。（二）社會環境不同。20 世紀 60-70 年代的社會及經濟發展方興未艾，勞力供應不足，新抵港移民正好給經濟發展提供廉價勞工，在缺乏社會福利的情況下，人人只好自食其力。但現時的環境則有所不同。面對經濟衰退，失業問題嚴重，新移民對社會福利的依賴較多，因此其大量湧入，反而分薄了社會資源。這是兩個時期的移民給社會的衝擊不同，而

表7.3 單程通行證持有人的人口及社會特徵

| 年份 | 與在港親人之關係（%）* | | | | | | 年齡（%） | | | | 總數 |
	子女	配偶**	丈夫	妻子	子女、配偶或父母組合	其他~	0-14	15-34	35-64	>65	
1988	47.9	39.1	3.4	35.7	--	13.0	--	--	--	--	28,000
1989	50.0	38.4	3.4	35.0	--	11.6	--	--	--	--	27,300
1990	47.4	40.5	3.7	36.8	--	12.1	30.1	40.0	27.8	2.1	27,976
1991	46.7	41.6	3.8	37.8	--	11.7	28.4	41.2	28.2	2.1	26,782
1992	43.9	43.0	3.8	39.2	--	13.1	27.7	42.9	27.4	2.0	28,366
1993	44.1	44.5	4.2	40.3	--	11.4	25.5	43.2	29.4	1.9	32,909
1994	45.1	47.6	3.7	43.9	--	7.3	29.2	43.3	26.1	1.5	38,218
1995	50.1	43.1	3.4	39.7	--	6.8	37.6	37.4	23.7	1.3	45,986
1996	51.9	43.2	2.7	40.5	--	4.9	41.2	30.8	27.0	1.0	61,179
1997	--	--	--	--	--	--	--	--	--	--	56,039
1998	--	--	--	--	--	--	--	--	--	--	54,625
1999	--	--	--	--	--	--	--	--	--	--	57,530
2000	--	--	--	--	--	--	--	--	--	--	59,800
2001	64.3	11.4	--	--	22.5	1.9	32.8	40.7	24.7	1.9	53,655
2002	52.8	16.5	--	--	28.8	1.9	31.6	42.8	23.3	2.4	45,234
2003	42.5	18.7	--	--	37.0	1.8	27.8	45.1	25.2	1.9	53,507
2004	43.5	17.9	--	--	36.0	2.6	29.7	44.9	23.9	1.5	38,072
2005	37.9	25.8	--	--	34.3	2.1	26.4	47.3	25.5	0.9	55,106
2006	45.4	28.5	--	--	24.0	2.0	30.3	41.4	27.5	0.8	54,170
2007	42.9	26.6	--	--	27.1	3.3	26.8	44.9	27.0	1.3	33,865
2008	41.3	26.8	--	--	29.5	2.5	24.5	46.5	28.1	1.0	41,610
2009	33.7	31.4	--	--	33.0	1.9	20.0	49.9	29.2	0.8	48,587
2010	34.1	36.0	--	--	27.6	2.4	20.1	47.9	31.2	0.9	42,624
2011	37.5	33.6	--	--	26.8	2.1	17.2	44.3	37.7	0.8	43,379
2012	53.2	22.0	--	--	22.9	2.0	12.7	34.4	51.9	1.1	54,646
2013	49.0	23.5	3.5	20.0	25.4	2.1	16.1	38.1	44.5	1.3	45,031
2014	44.9	26.7	4.0	22.7	25.9	2.4	19.4	38.9	40.3	1.3	40,496
2015	41.4	29.3	5.8	23.5	27.0	2.3	18.0	39.8	40.8	1.4	38,338
2016	41.1	35.2	11.6	23.6	21.9	1.8	17.5	38.8	42.0	1.8	57,387
2017	39.0	35.4	11.8	23.6	23.1	2.4	17.5	37.2	42.8	2.4	46,971

* 1988-1996年的比率按Hong Kong Annual Report（1988-2001）所提供的入境人數計算。

** 配偶百分比是丈夫和妻子百分比合計。

~ 2001-2017年的其他，包括單程證持有人是在港親人的父母或沒有近親在港。

資料來源：Hong Kong Annual Report, 1988-2000;
　　　　　Hong Kong Immigration Department, 2001;
　　　　　Hong Kong Monthly Digest of Statistics (January), 1998;
　　　　　民政事務總署及入境事務處，2001-2017。

市民的態度和反應迥異的原因。

　　基於這些不同因素，社會上普遍存着一種概念，認為“新移民”是香港的“負債”，如果任由他們大量地、不停地湧入香港，勢必給香港的住屋、教育、就業、交通、衛生以至福利等方面，帶來沉重的負擔。（香港青年協會，1999；林潔珍、郭柏偉，1998）因此，社會上出現一些要求限制這些人士來港、留港的聲音。而香港特區政府則以香港永久居民在內地子女計有 167 萬（名）為理由，要求人大釋法，以阻止這些人士湧入香港，其中更有港人在內地的子女在留港期間示威抗議，引致火燒入境處並釀成入境處人員和示威者傷亡的悲劇，引來社會很大震盪。但是，大量新移民在短時間內湧入香港而香港本身的社會和經濟支援又不足的情況下，又確實是令人擔憂的事情。

　　此外，香港特區政府還實行了投資移民政策（已於 2015 年暫停），放寬了“一般就業政策”、“輸入內地人才計劃”、“優秀人才入境計劃”，以鼓勵企業家和人才赴港定居及發展。但由於這些政策對香港人口結構衝擊不大，在此不予詳述。

結語

　　總結而言，從香港身份證過往的發展上，我們可以看到香港的移民及人口政策，基本上可歸納為四個階段：即開放型、半開放型、封閉型和調節型。在身份證制度（1949年）推出之前，港英政府所奉行的是開放型的移民政策。在這段時間，華人可自由進出香港，港英政府不會加以限制。很多與香港鄰近的廣東地區的人民，均會到香港碰機會，這也是移民人口佔了香港比例的60%-70%的主要原因之一。

身份證制度推行後，華人進出香港受到限制，加上中國政府當時限制人民外出，因此香港人口結構漸趨穩定下來。"貿易禁運"結束後，又逢中國內地出現三年自然災害，遂有很多偷渡者湧到香港，港英政府既不敢大開中門迎接，但又覺得年青力壯的廉價勞力，有助本地工業的發展，因此，採取一種"騎牆"的"抵壘政策"，彈性地接納來自中國內地的移民，形成一種半開放型的人口政策。

在1980年10月26日之後，"抵壘政策"的廢除，標誌着香港的移民政策進入封閉型。非法進入香港的人口，一經截獲便會"即捕即解"，港英政府只會接受循合法途徑申請來港探親或團聚的移民，香港人口結構更趨穩定。

九七回歸後，有鑒於港人內地子女數目龐大，香港特區政府乃改用自我調節型的移民政策，一方面以固定數目形式，例如每天批出150名配額，接納港人內地子女或配偶來香港團聚，另一方面則為了提高人口質素，推出投資移民計劃，吸納一些經濟條件較好、文化質素較高的移民者，藉此調節過多依賴性移民人口的問題。雖然如此，現時香港特區政府的移民政策仍是以封閉為主，微調為輔，但香港的人口結構卻因此是十分穩定的。

第八章 身份證與本土身份認同

引言

香港華人的身份認同一向被評為模糊紛雜，模稜兩可。（吳俊雄，1998）他們有時候認為自己是中國人，有時候卻又覺得是香港人。（Matthews, 1997）甚至會產生"你中有我，我中有你，糾纏不清，相互剝削"的混淆狀態。（李小良，1995：73）為什麼香港華人的身份認同會出現前後矛盾、身份重疊和性格分裂的現象呢？有學者指出："香港人的身份一直顯得相當尷尬。香港一方面享受全球（西方）資本主義所帶來的經濟利益，另一方面對抗拒西方殖民主義，所以一方面急切認同自己的中國人身份，另一方面又擔心九七之後失去自主。"（馬傑偉，2001：145）香港華人角色如斯多變、身份如斯複雜，主要是她獨特的歷史背景、社會結構、政治環境和文化特徵等因素盤根錯節、縱橫交織的結果。

要了解香港華人複雜的身份認同問題，我們或者會這樣問："什麼是身份認同（identity）呢？"嚴格而言，身份認同並不是一個簡單直接、固定不變的學術概念，而是一個複雜的、流動的社會學和心理學理論。為了方便討論，如果我們硬性要把它簡約化，那麼或者可以採用伯格（P. Berger）的話語作一概括性的引介。伯格認為身份認同是社會授予的、社會維持的和社會轉化的（socially bestowed, socially sustained and socially transformed）東西。（Berger, 1966）也即是說，身份認同是一種社會化下的東西，是來自社會，並且會因應社會的改變而轉化的。

本土身份冒起的理論

近年來，很多研究香港本土文化和身份認同的學者，均沿着這一理論脈絡，整理出香港文化和身份滋長的軌跡來。他們不約而同地指出香港是一個移民社會，絕大部份香港華人或他們的祖、父輩，通常是由廣東沿岸一帶移居香港的。（廖柏偉、林潔珍，1998）在 1949 年之前，由於兩地人民的出入往來，基本上不受限制，邊境界線較為模糊，內地人士來香港工作經商，或香港居民每逢重要時節返鄉省親等，皆屬平常。（丁新豹，1989 & 1997；元建邦，1993）對於大部份香港移民而言，他們在香港謀生，賺了錢便匯回鄉間，以供養父母、妻兒或置田建屋。（霍啟昌，1992；Hicks, 1993）因此，香港被視作 "暫居地"、"寄居地" 或 "旅居地"，他們在香港停留，只是短暫的。（可參考第 7 章）到最後，還是會選擇 "落葉歸根、告老還鄉"的。（吳俊雄、張志偉，2002）冼玉儀（1995）告訴我們一個十分有趣的現象，在 20 世紀 50 年代前，大多數來香港定居的移民，就算已居住香港多時，仍只會說他們本身的方言，鮮有能說本地廣府話的。從這一代人的行為中，我們不難體會到他們那種強烈的"過客心態"。因此，大部份學者均認為在 1949 年之前，香港本身沒有自己的文化。

既然 20 世紀 50 年代前的香港並沒有本土文化和身份認同，那麼在 60-70 年代以後，這些東西又如何產生的呢？不同學者嘗試以不同角度提出解答。呂大樂認為文化是由市民在不自覺中建構出來的，香港本土文化和身份的形成，同樣是在一種不自覺模式下，在電視劇、大型足球賽和英國一些殖民主義政策的經驗等混合產生的東西，而戰後在香港本土出生和接受教育的新一代，更是推動香港本土文化的中堅，土生土長一代不但沒有像祖、父輩般對故鄉存有着一種"藕斷絲連"的情懷，相反，則植根香港，以此為家。（Leung, 1999；呂大樂，2002）

也有學者從經濟角度入手，認為香港本土文化的滋生，主要是香港的經濟發展成就卓著，因而引起香港人的自豪感。1951 年聯合國對中國內地實施的貿易禁運，間接終止了香港經濟長久以來賴以生存的轉口貿易。（饒美蛟，1997）正當港英政府一籌莫展、憂心忡忡的時候，大量由內地湧入的移民、機械設備、資金和企業家等，卻為香港的經濟轉型，帶來一線曙光。（Wong, 1988）按饒美蛟的分析，由於二次世界大戰結束不久，西方世界百廢待興，物資需求殷切，這些有利條件，正好給香港的工業發展帶來新的契機和動力。因此，香港的經濟在 20 世紀 50-60 年代迅速起飛，據斯彭年（E. Szczepanik）的估計，在 1951-1955 年間，香港本地生產總值（GDP）的年均實質增長率高達 13.9%（Szczepanik, 1958），這是香港歷史上一段經濟高增長期。香港出口的成衣、電子產品、玩具和鐘錶等，均享譽世界，大受歡迎。西方世界更以"香港製造"（Made in Hong Kong）的標貼，作為"品質保證、價廉物美"的指標。（楊奇，1990；Turner, 1995；陳昕、郭志坤，1998）香港經濟發展驕人，不但直接改善市民的生活，同時也支持了本土的文化發展。

與此同時，也有學者指出香港本土身份的成長，是由大眾傳媒所創造的。他們認為大眾傳媒的普及和興起，拉近了彼此的距離，也豐富了人們的生活，締造了市民的共同生活空間和意識，使本土身份冒起。

大眾傳媒在現代社會身份的塑造過程中扮演了斡旋調停的角色。一個素來為政治、籍貫、方言所割裂的人口，在電影、唱片、廣告、電台廣播和電視的居中調停下，給拉近在一起，而香港身份也因而創造而成。（田邁修、顏淑芬，1995：79）

無可否認，資訊、娛樂等媒介的興起，不但只加速了訊息的流通，同時也刺激了彼此的交流和互通，增強香港華人對本土的身份認同。其中尤以免費電視形式經營的電視廣播有限公司（俗稱"無線電視"）1967年11月19日起啟播後，更將全港市民的生活步伐拉得更近。至於電視連續劇和綜合性節目，給全港市民帶來同笑同哭、共榮共哀的免費娛樂，這種共存（co-presence）的感受，同樣有助香港本土文化和身份的確立和滋長。（馬傑偉，1996）

沿着這一脈絡，馬傑偉更加明確地提出一套"自我"排斥"他者"的理論，作為理解本土文化形成的框架。他指出香港居民的組成，是歷代中國移民的大混合，到了20世紀60年代和70年代，香港才經歷了急促的都市化和工業化，這時本土文化才開始形成，而香港人的身份也在這個獨特的社會歷史情景中醞釀萌芽。他說：

> 香港人在七十年代迅速忘記了他們在內地的根源，又認為他們新冒出來的身份自然而來，且與長年的移民歷史無關。他們很快地作出決定，將遷來僅十年的新移民視為外來者；新移民則是"落後"的"阿燦"。（馬傑偉，2002：138）

為什麼早年移民會視"後來者"為"落後的阿燦"呢？馬傑偉簡單地將早期移民看成一個整體（我們），

而將"後來者"看成另一整體（他者），他們屬於"外人"，由於"我們"與"外人"有別，因而建立自我的身份。他續說："身份的建構，要經過一個身份的篩選過程，這個過程往往預先假定了'外人'的存在，然後透過排斥他人而確定自己的身份"。（馬傑偉，2002：138）至於早期移民為何將自己看成"我們"，而將後來者看成"他者"，則沒有具體說明。

以上學者的論述，當然各有可取和獨特之處，但在理解香港本土文化成長和孕育上，仍嫌不足。這些理論沒法子解釋為何原本屬邊陲文化的香港，只會認同中土文化的情況，如何出現這麼重大的改變？而這個改變為何偏偏是轉為本土，而不是認同已經退走台灣的國民黨當局或英國政府？甚至其他別的可能性？這種情況，就如我們在觀看一套舞台劇時，只集中於劇中演員的表演技巧、舞台設計、燈光、音樂和佈景等一些肉眼所能看到的東西，因此便認定這些東西便是該劇成功的最主要因素，但卻沒有將視線轉移到別的地方，例如戲劇的幕後主宰者 —— 該劇的導演 —— 港英政府身上。這樣的分析，使人有點"神龍見尾不見首"之感，也使理論有欠全面、深入。

事實上，我們認為自1949年後，港英政府為減少來自中國的政治影響，便積極推行非政治化的政策，刻意迴避或截斷香港與中國內地、台灣甚至英國的聯繫，這些重要的政策，其實正是促使本土文化發展和香港身份認同的關鍵所在。（Leung, 1992）自二次世界大戰結束後，國共兩黨便陷入內戰，港英政府為了避免捲入中國的政治漩渦，遂採取較為中立的態度。

中國內戰結束，國民黨敗走台灣，共產黨取得內地政權，成立中華人民共和國，大量移民湧到香港。按 F. Destexhe（1995）的分析，這段時期潛入香港的非法移民，多數為政治性的非法入境者，他們對共產主義並不認同，而對國民黨則有一定同情。面對中華人民共和國的成立，以及大量具政治取向的非法移民湧入，港英政府如果處理不善，便會很容易引來社會動盪。為了解決這個難題，港英政府乃實行控制與疏導並施，一方面將全港人口登記並簽發身份證，另一方面則推行非政治化及放棄民族主義的政策，藉以化

香港雖然是一個移民社會，但香港人與內地同胞的關係始終血濃於水。圖為昔日春節旅客出入境高峰期間於羅湖等待回鄉的擠迫景象。（香港特別行政區政府提供）

解香港社會的內部矛盾和衝突。

如果我們要探討港英政府如何透過種種政策，影響本土文化的塑造和香港華人對香港身份認同的建立，卡爾斯泰斯（M. Castells）的學說正好給我們提供一個系統性的分析框架。在 *The Power of Identity* 一書中，卡爾斯泰斯認為在全球化和資訊發達的年代，我們的世界和生活已被環球化和身份認同那些相互衝突的力量所扭曲。我們身處的社會已經是一個網絡社會 —— 一個由科技革命、轉化了的資本主義和沒落的國家主義所組成的社會。與此同時，卡氏也相信全球化的身份認同，並不是沒有阻力的，它時刻要面對其他的集體性身份認同（如：性別、宗教、國家、族群、領土或社會生物等）的挑戰。這些身份是多重的、高度分化的，也是因應不同文化和歷史背景形成的。它們可以是進步的或反動的，甚至會不斷利用傳媒和通訊系統進行抗爭的。整體而言，這些不同的身份認同，會藉着各自文化的特殊性和人為調控去挑戰環球化和都會主義。（Castells, 1997：1-10）

為了加強理論的說服力，卡爾斯泰斯進而提出三種身份認同作為分析的圭臬，它們分別是："合法性身份認同"（legitimizing identity），"抗拒性身份認同"（resistance identity）和"計劃性身份認同"（project identity）。"合法性身份認同"是指支持並主導社會支配機制的身份；"抗拒性身份認同"則是抗拒該社會支配機制下的非主導性身份；而"計劃性身份認同"則是要求重新建立一種新的身份，這種新身份的建立過程，暗示要轉化社會的整體結構。（Castells, 1997）

如果我們採納卡爾斯泰斯的理論，將香港華人身份認同的形成、發展和轉變過程，再結合下文將會討論的有關港英政府刻意推行的身份證制度，和其他相關政策進行分析，便會發現香港華人身份認同的產生與政府政策有莫大關連。香港本土文化和身份認同的出現，實非因為經濟發展起來了，大眾傳媒興盛了，或本土出生人數多了，而單純地或自然地冒升出來的。相反，它是港英政府刻意非政治化政策和去民族主義措施下，在直接或間接之中有方向和有目的地發展起來的。

身份證與香港華人身份認同的形成

正如本書第五章所述，在身份證制度推出之前，香港華人較為認同自己屬於"中國人"，而認為屬於"香港人"的，則只是少數。作為一個被英國人管治的地方，"中國人"身份當然不是"合法性身份認同"，因此，在 20 世紀 50 年代以前，"中國人"的身份認同只能說是"抗拒性的身份認同"，是一種在被佔據的中國領土上，在中國文化圈內抗拒英國殖民地統治或西方文化支配下的身份，即所謂"二等公民"或"次等公民"。至於那些認為是"香港人"的,或持有英國護照的,則當然會是一種"合法性的身份"認同了,他們往往是港英政府所吸納和招攬的一群。但這一群人,相對於當時社會上的華人而言,畢竟只屬少數而已。

雖然面對着大多數華人的抗拒與不認同,港英政府對當時的華人社會,並沒有刻意地進行籠絡或同化,華洋之間,反而保持相當大的距離。例如在半山區的地方,華人便不能逾越半步。至於高級政府官員,更鮮有華人可以擔任的,直至 20 世紀 70 年代以前,也只有英語才是法定的官方語言,中文一直受到壓制。統治者與被統治者之間,一直保持着十分巨大的距離,對於絕大部份由內地移居香港的華人而言,在 70 年代以前又如何可以產生歸屬感和認同感呢?

由於有接近九成以上的香港居民屬華人,換言之,擁有"抗拒性身份"的人口,反而佔據着社會的主體,這是社會危機潛伏的關鍵。但是無論是 1911 年以前腐敗的清朝政府,或是將之推翻但又本身四分五裂的中華民國政府,均在香港主權問題上沒有給英國政府什麼衝擊,港英政府的統治政策因此變動不大,而港英政府對待香港的華人,也只保持着簡單的統治與被統治者的關係。當然,如果港英政府處理不善,還是有可能會觸發矛盾,招來社會不穩的。但那種內部矛盾似乎不及外來因素(中國內地的政治或軍事)

的影響嚴重。因此在 1949 年以前，英國政府並沒有太大的憂慮，也用不着討好香港華人，這是華洋分隔鮮明，華人受到歧視而居港華人對社會的認同感和歸屬感較低的原因所在。

日本在 1945 年投降後，中國陷入第二次國共內戰。國民黨政府已失去了像第一次內戰時那副將共產黨人趕盡殺絕的氣焰，相反卻顯得力不從心，處處受到牽制。從 1947 年起，共產黨更有取代國民黨執掌政權的形勢，這種轉變給英國政府帶來前所未有的政治格局。正如前文所述，港英政府開始擔憂意識形態和政治制度迥異的中華人民共和國會對其殖民地統治帶來的威脅。香港身份證的簽發，本身或者是港英政府用以控制市民的政策（前述），但此政策同時也促成本土意識和身份的形成。原因是香港居民領取身份證後，他們在法理上便算是香港的合法居民了，他們的身份便有了中國人和香港人之分了。簡單地說，生活在香港的居民，無論出生地是否在香港，拿了身份證，在法理上，便算是香港人了。原本認為在英國殖民地政府統治下生活，是"寄人籬下"的"抗拒性身份"的意識，亦因身份證的出現而漸漸受到動搖。當然，有部份華人仍以中國內地為他們身份認同的所屬，不願申領身份證，對他們而言，"抗拒性身份"仍然十分強烈。

另一方面，剛成立的中華人民共和國政府，在

1950 年所推出的新政策，又促使居港華人必須重新思考自己的處境和身份問題，使已經動搖的身份認同，愈見強化。自共產黨取得中華人民共和國政權之後，以美英為首的西方世界，便發動不同形式的軍事及外交政策，以控制和遏止共產主義陣營的擴張；朝鮮戰爭是其中之一，俟後的貿易禁運則是其中之二。香港仍被英國管治，也自然地要跟從英國，加入禁運的行列。在貿易禁運之下，中國與西方的經貿幾乎斷絕，人民出入也受限制，不能自由進出。為了抗衡西方世界，中國內地也對西方（包括香港）"禮尚往來"，限制他們進出中國內地。自 1951 年起，香港華人雖被稱為"同胞"，但往來內地時卻受諸多限制，他們如果要進入內地探親或旅行，必須事先申請，並領取"回鄉證明書"（回鄉證的前身），才能返回內地（家鄉）。（廣州《南方日報》，1951 年 1 月 31 日；另可參考本書第九章）至於回到內地（家鄉）後的一舉一動，更受到嚴密的限制，例如，每到一處投宿，必須向當地公安派出所登記等，這些措施大大減少了兩地人民正常的往來和接觸，也無異於宣稱香港華人並非"自己人"，與資本主義世界中的人同類，香港人認同中國內地的情愫無疑因此大受影響。

如果在這個層面上看，中國政府視香港華人如"外人"的政策，多少也給香港華人在身份認同上帶來衝擊。由於當時中國國內一些"左"傾路線的追隨者對港澳居民擺出狐疑、不信任和諸多提防的態度，對居港華人回鄉的限制既多且繁，因而窒礙了香港華人對中華人民共和國的情感投寄，改為發展本土文化，從而漸漸地認同了香港起來。

面對當時中國內地視香港華人為"他者"的政策，因為不同原因而"旅居"香港，渴望有朝一日可以衣錦還鄉的華人，便很自然地產生了"有家歸不得"的感受。與此同時，敗走台灣的國民黨當局，對於那些滯留香港的前國民黨各部官兵，也沒半點安撫或籠絡，同樣擺出"冷淡無情"的態度，台灣當局並沒有意圖讓香港的華人自由定居台灣或發表任何支持在香港的中國人身份的言論立場，這使原本同情並跟隨國民黨人逃出內地而避居香港的中國人大失所望。（冼玉儀，1995）至於英國政府，對香港華人的身份認同問題，更是清楚地表明不會接納他們移居英國的。在"後退無路，別無選擇"的情況下，港英政府給所有留港居民簽發了一紙身份證，作為一種認許，尚算"待我不薄"。移居香港的華人，開始萌生"以港為家"的情愫，這是移民一代開始對香港產生歸屬感的原因所在，也是本土文化孕育的轉捩點。

早期的香港身份證只是一種身份證明文件，有了身份證算是合法居民，如果沒有則屬非法居民，但是，對於合法居民的權利，則沒有作出界定。後來港英政府多次在行政上作出配合，才使身份證日漸變成重要文件，合法居民似乎可以享有更多權利。例如港英政府規定各大商業機構在聘用員工時，須查視身份證；又規定在分配米糧和重要生活必需品時，以身份證作為依據，沒有身份證，便等同喪失了身份，因而會失去很多利益，但這些畢竟只屬行政措施，也是一些小恩小惠，並非法例所列明和保障的。其中最關鍵的，便是證件對居留權利，仍沒有作出法例上的界定和支援。正正因為早期的身份證，在法律上並沒有給予持證人什麼特別權利，非本土出生的香港華人，仍被視作移民（合法），由是之故，香港華人本土身份仍未能完全地確立下來，本土意識和身份，並不算強烈。

踏入 60 年代，中國內地的社會主義經濟政策已經亮起紅燈，饑荒問題日見嚴重，偷渡者陸續湧入香港。至 1962 年 5 月，非法進入香港的人數更曾經錄得在單一天內有接近五千人之驚人數目。當時的香港人對待身無長物的貧苦新移民，不但沒有表現出排斥和抗拒，反而大開中門。很多香港華人甚至不懼風雨，從市區跑到新界邊境地區，等待自己的親人，報章上更大篇幅地刊出偷渡人士尋求親人的留言，並代找親人。（香港《星島日報》，1962 年 6 月 10 日）就算是港英政府，也在該年年中，當中國政府收緊人民外逃的邊防政策，難民潮減退後，便"皇恩大赦"給所有已抵港的合法或非法難民，發出身份證，接納他們在港生活和確定他們的身份。（香港《星島日報》，1962

年 6 月 26 日、6 月 30 日）

除此之外，亦有市民或組織願意為新抵港非法移民向港英政府擔保，要求發出身份證。

> 港、九若干街坊會領袖現正考慮向本港人民入境事務處與人事登記處，進行一項請求，凡由中國內地來港的人，包括非法入境而未獲職業者，一律准予由各街坊會出具證明書擔保，可向人事登記處辦理登記手續，不虞遭拘捕或遣回。（香港《星島日報》，1966 年 5 月 31 日）

從各種跡象看，當時港人不但不排拒內地的移民，反而本着血濃於水的同胞親情，以不同方式接納他們、幫助他們，使他們可以盡快融入香港社會。

可是，自 20 世紀 70 年代起，香港華人對待新抵港移民的態度，開始出現明顯的轉變，他們已將新來移民視作"不受歡迎人物"，要求港英政府加強邊境防務，堵截他們進入香港。原本比較寬鬆的"抵壘政策"，在 1974 年開始便嚴格執行了。社會上漸漸出現一種認為新移民會給香港的社會治安和公共衛生帶來威脅的論調，在部份港人看來，新移民在居住、教育以至社會福利上，會分薄香港本土資源，他們並提出香港只屬彈丸之地，再容不下太多人口等似是而非的理由。

如果我們將香港華人在 20 世紀 60 年代對待內地

非法移民的態度，與 70 年代以後的作一比較，便會發現他們的態度，前後真有天淵之別。前者視之如"久別重逢的同胞兄弟"，親切歡迎；後者等同"討厭的窮親戚"或"陌生的外來人"，要排之而後快。呂大樂說："說回 70 年代後期對新移民的反應，那可以說是第一次見到香港人如此排外，如此排斥內地新移民；比較 60 年代'五月偷渡潮'期間，有人前往接濟偷渡人士，這真是很大的變化"。（呂大樂，2002：668）香港華人為何會如此"前恭而後倨"呢？說到底便是原本移民香港的華人，認為自己的身份，已經改變了，已經和後期抵港的移民不同了。這種前後面孔不同的轉變，一方面是港英政府在 60 年代起推出的一系列去民族主義及本土文化政策奏效，另一方面則與港英政府 1972 年推行新移民及人口政策有極大的關係。

有關港英政府在 60 年代推出的各項本土化文化政策，例如興建大會堂、舉辦香港週、香港節，甚至在教育和社區建設各方面，學術界已討論甚多（Turner, 1995；Grant, 2001），在此不贅。至於在 1971 年 10 月 13 日在立法局通過，並在 1972 年 4 月 1 日實行的一項重要的移民人口及身份證政策，則沒有述及，在此我們不妨深入一點討論這項政策如何直接影響了香港華人的身份認同和歸屬感。在 1972 年前，港英政府一向視非本土出生的華人為移民，屬臨時人口，雖然他們有港英政府發出的身份證，但政治權利則與本土出生者不同,其中一些最主要差別是他們不能如本土出生者般,享有永久性居留權,更可以隨時被拒入境或遞解回原居地。在本書第三章中,我們粗略談到的《驅逐不良份子條例》、《遞解外國人出境修訂條例》和《人民入境統制條例》等,便規定若居港華人中有"不良份子"或"外國人"被港府界定為不受歡迎時,可以被遣回原籍,但若是香港出生的或英籍人士,則可以留在香港。可見沒有永久居留權者,在港英政府看來,只是臨時人口。

在 1972 年 4 月 1 日,港英政府改變了這種視非本土出生者華人為移民的政策,接納非本土出生的華人(或聯合王國國籍者),只要在香港連續居住滿 7 年,便可有資格成為香港的永久居民。(《1971 年人民入境條例關於有權進入香港人士公告》,1972 年 3 月 24日;香港《星島日報》,1972 年 3 月 24 日)換言之,過往視自己作移民,將香港看成是"借來的地方、借來的時間",始終會"返回家鄉"的觀念或心態,已經出現根本性的轉變。他們不再是"臨時人口",而是不折不扣的香港的永久居民,與本土出生人士,享有同等權利,沒有差別。在法理上,香港已經不再是"借來的臨時居所",而是"永久定居地"了,他們的居留權和進出香港權利,是受到法例所保障的。

港英政府這一政策上的轉變,正正說明了為什麼在 70 年代以後出現的移民,香港華人(大部份也是移

民，只不過已取了永久性居民身份）已不再視他們作
"同是天涯淪落人"，反而有"內地移民蜂擁而來，以
本港彈丸之地，難免有人滿之患"（香港《星島日報》，
1974 年 4 月 15 日）之類的評論，視新抵港者為"外
人"，看成是分薄"我們"的社會資源和機會的競爭
者，形成了"他們"與"我們"不同的主要因素。

為了配合港府對新身份的界定，人民入境事務
處就市民的身份證，重新進行設計，並簽發新的身份
證，這次更換身份證的最主要目的，是將住滿 7 年和
沒有住滿 7 年的人士分開，住滿 7 年而享有永久居留
權的，證件上的印章是黑色的，而未住滿 7 年的印章
則是綠色的。身份證上這個印章的差別，更成為日後
分辨"我們"、"他們"的重要標記，是身份定型的
關鍵。

以 1972 年作為分水嶺，我們或者會發現在此之
前，港英政府在香港華人心目中的認受性很低，絕大
部份香港華人均不認同港英政府的統治。（Scott, 1989）
但自此政策推動後，便變得前後不同了，他們開始接
納自己那"永久性居民"的身份，同時也默默地認受
了港英的殖民式統治。從這角度上看，原本"抗拒性
身份認同"，已變為"合法性身份認同"了。新身份證
的簽發，正有身份確認（confirmation of identity）的
功用，使定居香港的華人，益加認同自己是"香港人"
的身份。

正如前述，"黑印身份證"是發給香港的永久性居民，他們在香港擁有永久居留權。而"綠印身份證"則是發給在港居留未滿 7 年，還未有資格成為永久居民身份人士的，他們並未有永久居留的權利。由於當時香港的經濟已經相當發達，而內地則仍然"一窮二白、飢貧交迫"，擁有居留權即等如能分享經濟成果，故"黑印"居民變成了"本土、先進、富裕"的象徵，身份優越；而"綠印"居民則隱含"新來者"，他們有"外地、土氣、貧窮"的意味，身份、地位較低。"綠印身份證"變成了"新移民"、"阿燦"、"內地仔"和"表叔"等貶義詞的總稱。（張國偉，1990；黎卓南，1990）

更有甚者，"綠印"居民更被視作是不肯守法和經常犯罪的刁民，受盡社會的冷眼和蔑視。（Hong Kong Discharged Prisoners' Aid Society, 1982）無論是電影、電視或報章上的故事橋段和題材，"綠印居民"均是他們嘲弄、取笑和談論的對象。（澄雨，2002）這種簡單的二元化分類法，再結合大眾傳媒的渲染，更加強化了以"黑印"居民為主導的合法性身份認同，而"綠印"居民身份變成"抗拒性身份"，受到"黑印"居民的排擠和歧視，"香港人"的身份變得"更為優越和更為文明"。（王賡武，1997：865）至於拿不到身份證的非法移民，更加失去身份，淪為"過街老鼠"，一經發現，便"即捕即解"，遣回內地。身份證不單是法律文件，更是權利多寡、身份優劣、地位高低的最明顯象徵了。

1980 年 10 月 26 日，港英政府正式廢止 "抵壘政策"，這不但標誌着香港人口結構的重大改變，同時也使身份證的應用更加普遍和廣泛，間接鞏固了香港華人的身份認同。抵壘政策的取消，表示香港社會有了它的固定人口，內地居民如果希望到香港定居，便只有依從正式而合法的途徑，申請來香港。至於批准與否，則由中國和港英政府決定。香港結束了長久以來對內地移民 "來者不拒" 的移民和人口政策，這一政策對香港居民自我身份的形成和本土文化的發展，有更為深層次的影響。

在另一方面，為了配合 "即捕即解" 政策，遏制非法入境者在港活動，港府硬性規定所有 15 歲或以上的香港居民，必須隨身攜帶身份證，而警方則在不同場合加緊截查香港市民，檢查他們的身份證，又多次聯同勞工署和入境署在各大小工商機構，舉行大規模檢舉 "非法勞工" 行動，市民如果沒有攜帶身份證，一經發現，便會受到檢控。按警方所公佈的數字，在 1980 年 11 月 25 日至 1982 年 9 月 9 日早上五時止，曾在普通巡邏時和在特別行動中，合共票控和拘捕了 22,000 餘人，而在特別檢查身份證行動中，共有 1,101,242 人受過截查。（香港《星島晚報》，1982 年 9 月 10 日）這是一個十分龐大的數字，以當時符合攜帶身份證的人口約為四百多萬計算，每 4 人之中便有 1 人曾經在該段時間內被截查，要求出示身份證。而如果當時沒有攜帶身份證，則往往會被拘捕，並遭受檢控。（香港《星島日報》，1981 年 11 月 20 日）政府雷厲風行地要求市民隨身攜帶身份證的政策，大大提高了身份證的普遍性，直接使身份證變成香港市民"必不可少"的東西，從此時開始，如果沒有身份證，真的有點"寸步難行"了。

從這個角度上看，我們不難發現香港華人的身份認同，與港英政府時明時暗的非政治化政策，有莫大關連。50 年代初期，港英政府收緊社會箝控，嚴防共產黨和國民黨人在香港進行政治活動，而為了避免跌入中國的政治鬥爭中，港英政府乃有推行非政治政策。在 1967 年暴動後，港英政府對中國政治因素的影響，更加印象深刻，乃全力推行非政治化政策，又進行社區建設，希望轉移華人移民的身份認同，使他們的根留在香港。1972 年的永久居民身份政策，對華人身份認同而言，更起着重要的作用，"抵壘政策"的結束和硬性規定攜帶身份證政策的實施，恰恰又使香港華人的身份認同進一步強化。這因素再配合香港經濟的發展和大眾傳媒的普及等，才使香港正正式式地出現了以認同本土身份的本土文化實體。因此，我們認為港英政府在香港人身份認同和本土文化的滋生上，實扮演十分重要而直接的角色，是不應該被忽略的。

1997 年 7 月 1 日，香港結束了接近一個半世紀被英國管治的歷史，主權回歸祖國，身份證制度也如其他回歸前的制度一樣，除了在字面上作出變動和適應外，其他則為香港特區政府所沿用。在"一國兩制"的精神下，香港特區在文化上已重新納入"中心文化"的母體，恢復了"文化邊陲"的位置。香港華人的身份，也在一夜之間由港英政府管治下的順民，搖身一變成為中國公民。可是香港本土身份上的"優越"，卻顯得有點像傾巢之卵。在法理上，香港華人的身份和內地 13 億人民，已沒有分別了，大家都是中國公民或中國人。然而在絕大部份香港華人的心目中，他們較認同自己是"香港人"，小部份認為是"中國人"，有部份則認為自己"兩者皆是"——既是香港人，亦是中國人。（劉兆佳，1997；鄭宏泰、黃紹倫，2002）但"香港人"的身份，放在中華文化中心的層面上看，便只是"滄海一粟、九牛一毛"。原本認為屬"合法性的身份認同"，出現了動搖。

　　為了適應這種社會轉變，消除隨之而來的身份轉變，並維持"香港人"特殊性的身份，無論是特區政府或民間社會，均熱切希望重新塑造自己的身份和角色。環球化（globalization）或世界主義（cosmopolitanism）下的身份，正好是香港特區政府和大部份香港居民希望建立的一種新身份——"計劃性身份認同"，藉以抗拒內地中心文化下的中國公民身份。自董建華上任香港特別行政區首任行政長官後，便多次提出要將香港特區建設成什麼世界金融中心、旅遊中心、物流中心或數碼港、中藥港等等，反映出剛成立的香港特區政府，也希望可以擺脫回歸以後，香港的身份或地位有漸被邊緣化的危險，要重置香港於"世界中心"地位，挽救搖搖欲墜的"合法性身份"，消弭淪為"抗拒性身份"的尷尬、含糊和紛亂。

雖然我們想方設法去建立自己國際大都會的"計劃性身份"，但對這個嶄新的身份，在認知上卻未必透切和全面。（參考香港《明報月刊》，2002）有學者更指出作為國際大都會應具有以下特色："語言和文化都是多元的，居民流動性極大，也自然形成多種認同；至於商品流通、多產、多消費、多媒體等等生活方式，自不待言。這些發展，都不是傳統的民族國家模式可以涵蓋的。"（李歐梵，1997：31）可惜，回歸後香港卻長時間很難走出傳統的民族主義國家意識形態，於是口談國際化和都會化，但做的卻愈來愈中國化。香港本身特殊的色彩，也漸有減退的現象。

無可否認，在硬體上，香港或者可以透過種種建設，例如興建數碼港、簽發新型的電腦智能身份證和在國際間大力宣傳香港成為"動感之都"（Hong Kong: The World City on the Move）等等來達成；但在軟體建設上，則未必可以同步前進、朝夕完成。然而，香港能否走出狹隘的"傳統民族國家模式"的身份認同，

重新建立一種求同存異、兼容並包和有多重認同的
"計劃性身份"，關鍵卻取決於軟體建設之上。

身份認同理論的批判

總結而言，卡爾斯泰斯的理論主要是用作分析環
球化浪潮下身份認同的概念，而且三種身份是同時並
存的，但在我們的分析中，為了使討論的焦點更為清
晰，我們在不同階段只是突出某種較為重要的身份，
這樣的分類雖然會有不足之處，但我們相信可以讓我
們更加具體地看到社會上主流身份認同的轉變。

其次，正如卡氏所言，身份認同是多重的、高度
分化的和因應不同歷史背景而變化的，這種說法和歷
史學者蔡榮芳的看法相近。在《香港人之香港史》一
書中，蔡氏指出身份認同有五個基本重點，值得細
思。這五個重點如下：

第一，身份認同有許多層次：包括家族、鄉土、地
方、方言族群、區域、民族、國家、社會階級與國際組織等
等。第二，一個人可以同時有多層次的身份認同。國家認同
只是其中之一，而且在他的一生當中，往往不是最重要的。
第三，歷史上，個人先有家族與鄉土地方之認同；然後，隨
着歷史環境的演變，才逐漸形成民族、國家、社會階級與國
際組織等等的認同意識。第四，一個人的政治思想與國家認

同，並不是像鐵板一樣一成不變的；而是隨着政治社會環境之變遷，而改變自我認識與定位。許多人變更國籍，認同新國家。第五，政治上認同一個國家，並不等於認同它的政府。（蔡榮芳，2001：278）

有關這種深層次概念的轉化，我們或者可以從上文各章中有關身份證不同階段的發展上，尋找一些蛛絲馬跡。

當然，我們不能將香港華人身份認同上的孕育、發展和轉變，籠統地皆說成是身份證制度施行後的產物；同樣地，我們也絕對不能排除此制度對香港華人身份認同上所發揮的作用、互為衝擊和影響，以及作為"象徵性身份證明"的最重要指標。我們同意香港本土文化和身份認同的內涵，在一定程度上是來自市民日常生活、大眾傳媒和在經濟上取得的巨大成就的，但我們也要指出若果沒有政府在行政、立法上的設計和推波助瀾，本土身份和文化仍是很難扎根和發展的。

最後，我們不禁會問，香港由一個"荒涼的小島"一躍而成國際知名的經貿重鎮、金融中心，香港的地位及重要性備受肯定，能夠成為香港人也自然與有榮焉，顧盼自豪，本土身份認同也由此而來。問題是建基於經濟成就的身份優越感，會否在 1998 年亞洲金融風暴，香港經濟出現衰退，也變得岌岌可危、患得患失，甚至影響到"香港人"這一身份的認同，是值得思考的第一個問題。

另一方面，中國內地本身的政治、經濟和社會發展，也促成香港本土身份的冒起和成長。中國共產黨以社會主義建國，與奉行資本主義的香港，在意識形態上格格不入，這是部份香港華人對社會主義中國心存芥蒂的原因。立國之初，中央政府又受到西方資本主義陣營的圍堵，夾縫中的香港當然受到影響，中國內地和香港兩地的接觸因而受阻，中原中心文化對香港的影響力也受到削弱。在此消彼長的情況下，香港本土文化和身份認同，便茁壯成長。回歸後，內地對香港全面開放，接觸大增，中原中心文化對香港本土文化的衝擊和影響愈來愈強，香港本土文化和身份認同最終會否被淹沒呢？這是第二個問題。

身份認同是由日常生活、個人思想、人生態度和情感認知等行為建成的（Leung, 1999），其形成、發展和轉變是一個漸變的、漫長的過程，是一點一滴、一分一毫、潛移默化積累而成的（Wong, 1999）。因此不能像簽發信用咭一樣"一咭在手、身份我有"。（某信用咭廣告用語）換言之，如果要重塑香港華人的身份認同，短期內是很難一蹴而就的。問題是這個重建計劃，最終能否憑着簽發智能身份證或推出"動感之都"一類活動而改變呢？時間又要多久才能達到成功呢？這是第三個問題。

結語

　　從身份證的歷史發展中，我們正正可以整理出香港華人的身份和國家認同，並不是一成不變的，而是因時制宜、與時並進的。共產黨立國之前，在認知上，香港華人的鄉土情懷和家國意識，並沒有清晰的分野。因此對家、國身份認同，分歧不大。1949年，國民黨敗走台灣，共產黨取而代之，香港華人的國家認同開始出現分裂。常理上，成王敗寇，共產黨奪取政權，應為中國的合法政府，有國家認同的象徵。然而無論是國民黨或共產黨，他們對香港華人進出內地或台灣均有一定的限制，因而窒礙了香港華人的身份和國家認同。至於港英政府，則既不鼓勵香港華人認

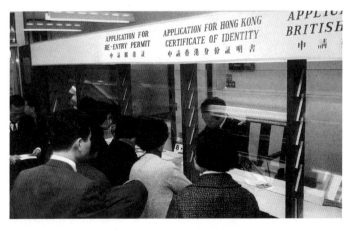

不管是哪種身份或角色，只要取得身份證便擁有合法的居留權。（香港特別行政區政府提供）

同大英帝國，也不支持他們認祖尋根，夾縫中的香港華人只有"自求多福"，尋求並發展本土的文化和身份認同。正因如此，香港華人在身份認同上，也較為開放，他們在情感上可能認為自己是中國人；在現實上，他們可以為了"政治保險"，寧可變更國籍，或以身持英、美等西方國家的護照為常事。這正是文章開首時，我們提到香港華人身份混雜多變的原因。其實，如果我們可以有條不紊地進行分析，便不難理解"身份重疊、角色模糊、關係複雜"等問題其實是有因有果、有跡可尋的。

第九章 回鄉證與 "中國人" 身份認同

引言

　　在上一章中，我們反覆驗證，並推論香港本土身份的孕育、形成和發展，主要是受政治因素所影響的。自 1949 年起，由於港英政府擔憂中華人民共和國和敗走台灣的國民黨政權，會利用香港作為政治角力的中心，使自己跌入中國的政治漩渦中，並給香港的社會秩序和政治穩定造成負面影響。為此，港英政府乃積極推行非政治化或去政治化的政策，既要淡化來自中國內地的文化影響或政治浪潮，又要消除台灣國民黨政權的暗中牽引，藉香港中立的地位，插手內地政治。與此同時，港英政府又不能鼓勵香港華人認同大英帝國，給宗主國帶來政治和社會壓力。就是在這些錯綜複雜因素的交纏影響下，港英政府只好打出一種認同本土的政策，化解香港華人在政治方面的訴求。

　　自 20 世紀 50-60 年代起，那些一浪接一浪的什麼"香港週"、"清潔香港運動"或"香港是我家"之類的運動，便是由官方或半官方的團體所刻意推動的。至於大興土木而建立的大會堂、社區發展計劃，以至接納中文為官方語言等，更是港英政府着手推動本土文化的一些重要政策見證。（Grants, 2001；Turner, 1995）在眾多本土政策中，其中又以簽發香港居民身份證，以及給予合法居民永久居留權的舉動，影響最為巨大。

身份證與本土化

可以這樣說，港英政府在 1949 年簽發的身份證，並強令全港市民申領的政策，確實埋下了本土化的種籽。至於自此以後的行政配合，例如在配給日常必需品、工作及外遊時，以身份證作為證明文件的做法，又使身份證的應用日益普及。而以身份證象徵香港人或香港本土身份的情況，也由那時起漸漸萌芽。到 1972 年，港英政府轉變了一向以來視非本土出生的華人為移民人士，可以隨時拒絕他們入境並將之遣回原居地（中國內地）的政策，改為只要他們在香港連續居住滿 7 年，便可以擁有永久居民身份的政策，使他們的身份與土生土長人士沒有差別。（《1971 年人民入境條例關於有權進入香港人士公告》，1972 年 4 月 1 日）由是之故，居港華人才由臨時居留的移民者身份，轉為永久居留的本地人，這種政治身份和法律地位上的改變，使華人移民可以全心、全力地投入建設香港，認同香港，促使香港本土文化和身份認同的逐漸形成。

然而，在分析這個問題時，我們只是站在香港本土（身份證）的角度上看，沒有將中國內地或中國政府的政策一併討論。然則，這樣的分析，實有欠全面。我們知道，身份認同的形成和發展，並不是片面單向的，一元一方的，而是多向多面的，多元多方的，甚至是互為互動的。在 1949 年前，絕大部份香港華人是認同"中國人"身份的，他們對中國內地（家鄉）的情感投寄，是十分巨大的。問題是，這樣的認同感，如何在 1949 年後出現方向性的轉變呢？單單着眼於香港本土身份的萌生，明顯過於單薄，也略嫌不足，中國政府的政策和態度轉變，同樣影響了香港華人的認同情感。也即是說，我們必須從另一個角度，探討 1949 年後中國政府所推行的政策，如何導致香港華人的認同感，出現了重大的改變。

如果說身份證制度的推行，是意味"香港人"身份認同和本土身份的萌芽和抬頭，那麼回鄉證制度的實施和不同階段的沿革，恰好反映出香港華人對"中國人"的身份認同，在不同時期同樣出現了一些根本性的轉變。本文的重點，便是以回鄉證制度的沿革和發展，探索 1949 年後的中國政府，如何在政策上影響了香港華人的身份認同問題。

身份建立的理論

我們或者會這樣問：何謂"中國人"？這是一個看似簡單，但卻很難觸摸，而又相當複雜的問題。由於本文的主要目的，是探討香港華人認同"中國人"身份問題上的轉變——一種較為簡單的個人態度認知和情感投射狀況，由是之故，我們不會大花篇章，去分析"中國人"的性格、特徵和涵意，而只會採用比較簡單直接的定義。在界定何謂"中國人"時，著名學者王賡武和劉兆佳，均簡單地指出"所有自認自己是'中國人'的人，皆是'中國人'"這樣一種較為籠統的方式來稱呼"中國人"。（Wang, 1988；劉兆佳，1996）然而，很多時候，身份認同並不是一廂情願便可以達到的。舉例說，我們不能認為自己是美國人，便可以算是美國人，起碼條件是別人——例如美國人或其他國人士——也認同我們也是美國人，加上美國法律也給予我們一些支持，如美國政府發出的"綠卡"，這樣，我們才算符合基本上是美國人的條件。換言之，身份認同不單是一種主觀的東西，它同時要有客觀條件作支持的。至於它的形成和轉變，同樣會受到主觀和客觀的、外在與內在等因素所影響。在討論怎樣才算是"中國人"時，施達郎便十分清晰地指出：

要分辨一個人是否"中國人"，須從兩個角度來觀察。

一個是客觀的，另一個是主觀的。客觀是當其他人認為你是中國人時，你縱然極力否認，也百口莫辯；主觀是你自認為中國人時，其他人不承認也無法改變你的信念。一般人論定某人屬何國人的客觀標準，往往根據血統膚色、生活習慣和思想方式……身在異地，心存祖國的華僑，縱使僑居地施以種種政治和法律壓力，仍無法禁制他們自認為"中國人"的主觀意願，這是基於民族意識的驅使。(施達郎，1980：5)

施氏的分析，明確地告訴我們，身份是受到主觀和客觀條件所左右的。可以這樣說，主觀認同是一種很個人的情感投寄或自我感受，而客觀認同則是別人對自我背景的理解和立場審視。這裏帶出了另一重要的訊息，身份認同的塑造，不單只要考慮主觀因素，客觀的、他人的認同和對待，同樣是十分關鍵的。施達郎的界定，與陳清僑在探討身份認同時的論調，不謀而合。陳氏這樣寫：

"身份認同"絕不是一件容易確定的事。在我們的討論中，至少有兩重意義是至為關鍵的。一方面，在社會的認同中，自我必需能透過具體的生活實踐辨認出（identify）一己身之所屬；另一方面，人在自我確認的漫長過程中又無法不受別人對自己認同與否（以至如何認同）所深深影響。假如說自我認同（self-identification）是任何個體受到別人承認（recognition by others）的前提，那麼他者對一己身份價值

的所思所想，又何嘗不是自我在發聲表達自己有別於人的獨特處時所依賴的衡度指標。（陳清僑，1997：xi）

在這個問題上，泰勒（C. Taylor）說得更為深入和明確，他指出身份認同本身，便包含着自我的觀點和別人的看法，身份的產生和建立，也不能是片面和單向的，或與世隔絕的，它的孕育是從自我認同和別人認同之間的互相交往和互為運動而來的，這明顯是一種通過彼此協商、雙方交流之後而達成的意識。他這樣寫：

因此，我對自己身份認同的發現，並不意味着我是在孤立狀態中把它炮製出來的。相反，我的認同是通過個體與他者半是公開、半是內心的對話協商而形成的。（泰勒，1997：11）

泰勒的理論，使我們想到社會心理學大師米德（G. H. Mead）。在米德有關人類自我（self）身份形成的理論中，他指出自我身份的形成，主要是透過遊戲、玩耍、角色扮演和他人對自我的觀感，來觀看自我和建立自我的。在這些自我塑造的過程中，特殊他者（significant others）通常是身邊最親近的人如父母、兄弟姐妹等 —— 對自我行為的建立，影響尤為巨大。小孩子透過模仿、學習和審視觀察身邊的人情事物，慢慢建立起自我的價值觀、身份認同和個人形象等

等。（Mead, 1934）

無論是施達郎或陳清僑，還是泰勒或米德，他們均一致地指出"客觀"或"他者"（others）等因素，對自我身份建立的重要性。這種看法，拿來分析香港華人到底是認同"中國人"或"香港人"身份時，中國政府和港英政府 —— 這些特殊他者 —— 對香港華人身份認同的塑造和影響，便顯得有很大的啟發。至於"他者"如何看待"自我"，又可從"他們"給"我們"發出什麼樣的證明文件這些客觀事實上去找尋。

1949 年年底，港英政府給香港人發出身份證，而新成立的中華人民共和國政府，則在 1951 年底起規定港澳華人（稱為同胞）回國時，均須事先申領"港澳同胞通行證"（回鄉證的前身），才能進出內地。兩地政府截然不同的政策，使"主"、"客"身份互調，而"他者"對待"我們"的態度改變，又導致香港華人在認同"中國人"或"香港人"身份上，出現了關鍵性的轉變。簡單地說，身份證和回鄉證，同樣可以被視作是一種"象徵性的身份證明文件"（Castells, 1997），它們的施行和不同階段的改革，均左右着香港華人在認同中國或香港上的情感。有關身份證對本土身份和文化的影響，我們在上一章已作出深入分析，在此略過不贅。本文的主旨，只會集中討論回鄉證制度對香港華人認同"中國人"身份上的一些轉變。

回鄉證推行的背景

首先，且讓我們由回鄉證制度推行的背景談起。可以這樣說，如果沒有港英政府身份證的設立，回鄉證不一定會在 1951 年推行。至於回鄉證制度的萌生，一方面是在身份證制度的挑引下衍生出來的，另一方面也可以說是新成立的中國政府，針對英、美西方國家串連國民黨政府外交"圍堵"政策的一種"兵來將擋"的回應。

本來，港英政府在 1949 年底規定香港人登記戶籍，領取身份證的措施，純屬內部政策，中國政府起初沒有太大的反應。但是，俟後再公佈的《人民入境統制（補充）條例》，更規定自 1950 年 5 月 1 日起，從中國內地進入香港的人士，必須事先領有由中國政府發出的"旅行證明書"。這便等於視內地人民為外國籍人士，改變了百多年來內地居民可自由進出兩地的慣例。為此，中國外交部副部長章漢夫，在同年的 5 月 9 日嚴正地發出公開聲明，抗議港英政府單方面的行動。原文撮要如下：

查中國籍人出入香港百餘年來未被作為外國移民待遇，香港當局絕無任何理由可以將中國籍人與其他外國移民一樣看待。因此，對於香港英國當局最近業已頒佈實施的管制中國籍人出入香港辦法，中華人民共和國中央政府不能不視為一種對中華人民共和國及其人民之不合理的與不友好的行為，特向英國政府提出抗議，中央人民政府認為英國政府應採取必要措置，即予撤銷中國籍人出入香港之一切限制。

（北京《人民日報》，1950 年 5 月 10 日；湯開建、蕭國健、陳佳榮，1998）

面對中國政府的外交干涉和抗議，港英政府不但沒有妥協或讓步，反而加強了內部的箝制和監控。同年 5 月 15 日，港英政府還進一步規定所有內地移民在抵達香港後，均須要向香港的移民局，申請"許可證"，方可進入香港。港英政府對來自內地的華人廣佈障礙的政策，自然招來中國政府的強烈反擊。

然而，真正導致中國政府加強沿海邊防管制，規定出入境人士（包括港澳華人）均須事先申領通行憑證的，是聯合國在 1950 年底對中國實施的"貿易禁運"。由於中國政府不同意美國出兵朝鮮半島，支持李承晚政府，因而採取"抗美援朝"的軍事政策，支持金日成政府。可是，這項政策，卻招來以美國為首的聯合國不滿，並對中國內地實施貿易禁運和經濟圍堵。面對外國勢力不友善的威脅，加上對敗走台灣的國民黨政府政權仍然保持警戒，剛成立的中華人民共和國政權便很自然地產生保衛沿海邊防，管制人民進出國境的政策，嚴防敵對勢力顛覆和破壞的念頭。

由於香港被英國視為"殖民地"，外交上必須緊跟英國的政策，因此，也停止了與內地的一切貿易往來。1951 年 5 月，港英政府又公佈將與深圳接壤的邊界地區，列為禁區，實行宵禁，嚴格限制沿邊界地區人民的互通和往來。隨後，又加強邊防，進一步限制內地移民入境。（魯言，1981）對此，中國政府亦實施相應行動，該年年底，廣東省公安廳宣佈對港澳居民進出內地實施管制，規定兩地人民進出邊境，均須先取得通行憑證，才能放行。兩方各自在邊境地區增強防務，設置障礙，提高管制的政策，不但大大打擊了沿邊界一帶的經濟發展活動，同時也阻礙了兩地人民的民間交流和接觸。

回鄉證的法理依據

任何重大政策的推行，均有法例作為後盾。若要考查回鄉證的法理依據，我們可以追源至 1951 年 1 月 30 日，廣東省人民政府頒佈關於沿海旅客進出入國境的佈告：《粵公邊字第六號》。該規定在廣州《南方日報》公佈，全文如下：

查帝國主義及其走狗國民黨殘餘匪幫，近仍派遣匪特潛入內地，進行種種陰謀破壞。茲為進一步堵塞空隙，鞏固治安，各界人民除應嚴格遵守中央人民政府國務院頒佈的"進出口船舶船員旅客行李檢查暫行通則"之一切規定外，本府並根據我省的實際情況，對沿海旅客之進出，補充如下規定：

（一）本省暫指定黃埔、拱北、北海、深圳、汕頭、汕尾、湛江、江門、海口等九處為出入口，其他港口一律嚴密封鎖，不准出入。

（二）凡旅客出入口，均須於出入口前向所在地或目的地之縣、市以上人民公安機關申請出口或入口，經核准並取得通行證後，方准出入。（外省居民經由本省出入口者，須帶備原籍之縣、市以上人民公安機關的證明文件，經出口邊防公安局查證核准並發給通行證後，方得出口。）

（三）凡歸國華僑持有確實的證件者，准免辦理入口申請手續；出國華僑出口手續由人民政府僑務機關負責辦理之。

（四）凡無通行證而潛行出入，或擁有通行證而不在指定之出入口出入者，一經查覺，即依法懲處。

以上各項，自 1951 年 2 月 15 日起實施，望各界人民切實遵照。此佈。

主席 葉劍英　1951 年 1 月 30 日

自此例一開，往後的"港澳同胞回鄉介紹書"、"港澳同胞回鄉證"以及"港澳居民通行證"等的更替和簽發，便有了依據和先例。至於日後的大修小改，增增減減，則由廣東省公安廳視乎行政上的需要，再在原規則的基礎上，作出適當的修訂。雖則如此，原初的立法精神，仍沒太大變動。

回鄉證的特色和沿革

　　從 1951 年 2 月 15 日起，廣東方面開始實行出入境管理，規定港澳地區人士返回內地，必須持有由省公安廳或縣公安局及市公安分局簽發的 "通行證"。港澳居民如欲申請，須事先委託內地的家屬或親友，向當地公安機關申請，辦妥後由代申請人直接將該證件寄給申請人，申請人才可持證入境。（鄧開頌、陸曉敏，1997：255）

　　關於申領入國境通行證的辦法，凡由國外或港澳進入內地的旅客，均須事先致函其國內目的地之有戶籍親友覓具一家舖保，或區級以上機關或合法團體之聲明，連同本人照片 3 張，到所在地公安局分局派出所申請入境，經檢准後將檢准文件寄交本人，然後持該檢准文件，方得進入國門。（湯開建、蕭國健、陳佳榮，1998：613）

　　以上既是港澳居民返回內地時，必須領取有效證件的始末，同時也是回鄉證制度實施的開端。證件由申請、查核、批覆至最後轉寄申請人手中，才可持證入境，手續繁複，往往需時三數個月。（香港《明報》，2002 年 9 月 17 日）至於證件的式樣和內容如何，現時已不能考查了。從此時起至 "貿易禁運" 廢止，中國內地和香港兩地間的聯繫，幾乎斷絕，民生

經濟大受影響。（魯言，1981；楊奇，1990）

朝鮮戰爭結束，西方各國也或先或後取消了對中國內地的貿易制裁，而英國政府更是資本主義陣營中，最先（1957年6月5日）恢復與華貿易的國家。中國內地和香港兩地的互通，也漸次恢復。（參考"華僑事務委員會"會議議決，香港《文匯報》，1957年12月20日）從1956年起，香港人若要返回內地，在進入內地邊境海關時，須要等候駐邊境的軍警"代書一紙'回鄉介紹書'（即"港澳同胞回鄉介紹書"），該紙長逾1呎，闊約6吋（約為一張A4紙般大），要填寫姓名、年齡、籍貫、香港居所、回鄉原因及往何處等項內容，（軍警）問一句（旅客）答一句，取得'回鄉介紹書'並經過檢查後，才蓋印放行。出境時，港客經檢查後，介紹書會蓋章收回"。（鄭心墀，2000：376）

從香港中旅社收藏的"港澳同胞回鄉介紹書"的樣本中看，當時的介紹書除了列出個人姓名、性別、年齡、籍貫等資料外，還有幾項特別之處：（一）該證件主要仍以"繁體字"印刷，但亦夾雜個別"簡體字"；（二）證件上的印章，仍採用俗稱"官印"的方形闊邊格式，印章內赤紅的文字是："中華人民共和國深圳羅湖檢查站印"；（三）證件內列出持證人應注意的4項重要事項，且引述如下：

1. 到達目的地，在當天內持此證向當地公安機關或鄉、鎮人民委員會申報戶口，簽章後，申領糧、糖、油等供應票。

2. 此證不得轉借、塗改、遺失。如有遺失，應即報告發證機關或當地公安機關。

3. 隨有 12 歲以下兒童時，附注欄說明。

4. 出境前，須向當地公安機關或鄉、鎮人民委員會註銷戶口、加蓋印章後，免領出境通行證，即可出境。出境時向邊防檢查站繳銷此證。

（四）該介紹書內對港澳華人的身份證或回港（澳）證等，只以"隨身證件及號碼"一項，輕輕帶過，似是為了迴避政治上的尷尬；（五）當時的介紹書為三聯式。一為"介紹書"，一為"存根"，另一則為"通知書"。

"港澳同胞回鄉介紹書"的設立和查問過程這麼嚴格，主要是因為經歷朝鮮戰爭和"貿易禁運"後，中國政府對外界 —— 尤其是西方社會 —— 仍然保持高度警惕，時刻提防特務份子滲入，刺探或顛覆共產政權。因此，對港澳居民返回內地，也存猜疑和戒心。中國政府對港澳居民這種不信任的態度，不但影響兩地居民的溝通和接觸，更強化了兩地華人的疏離和隔閡。原本由內地避難香港，時刻想"衣錦還鄉、落葉歸根"的移民，開始萌生"留港發展、落地生根"的

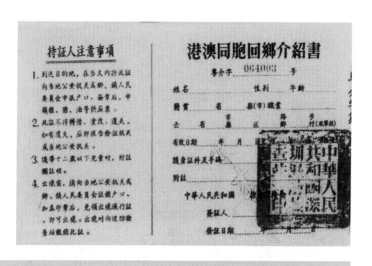

1956年起使用的三聯式"港澳同胞回鄉介紹書"。(香港中旅〔集團〕有限公司提供)

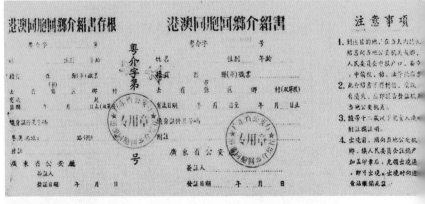

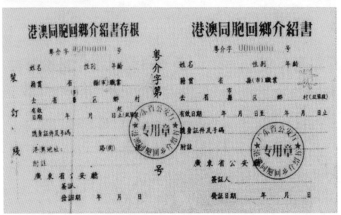

1959 年起通用的"港澳同胞回鄉介紹書"。(香港中旅〔集團〕有限公司提供)

念頭。

1959 年 5 月,"港澳同胞回鄉介紹書"的式樣曾經作出修改。原本的方形"官印"改為圓形,印章上"廣東省公安廳港澳同胞回鄉介紹書"的字樣,圍成一圈,而中間則是"專用章"三個字,印章上全為簡體字。其次,原本的三聯式,改為二聯式,"通知書"一項取消了,其他各部份,則大同小異,變化不大。

在此順帶一提,在 1959 年間,澳門華人在清明節回鄉掃墓祭祖時,須領取一種名為"澳門同胞回鄉掃墓證",該證件與回鄉介紹書大小相若,格式雷同,只是在該證內,加入"掃墓地點"一項。至於在注意事項上,則特別注明持證人可以攜帶價值 5 元人民幣的土產出境。為什麼當時對澳門華人掃墓有這種特殊安排呢,由於這與本文主題關連性不大,我們便沒有去深究了。

到 1976 年,回鄉介紹書再次修改。證件由原初的二聯式改為"小冊子",並略有美術圖案設計。首頁的長方形框架內,印上"港澳同胞回鄉介紹書"九個大字,下有(證件)號碼。內頁的第一頁是持證人的個人資料,港澳地址及偕行兒童(數目),第二頁除了持證人資料外,則附加偕行兒童的姓名、性別和年齡。明顯地,第一頁應是"存根",而第二頁才是"介紹書"。第三頁是海關批注以及持證人所攜帶入境的行李和貴重物品如黃金、外幣等東西的申報表。第四頁

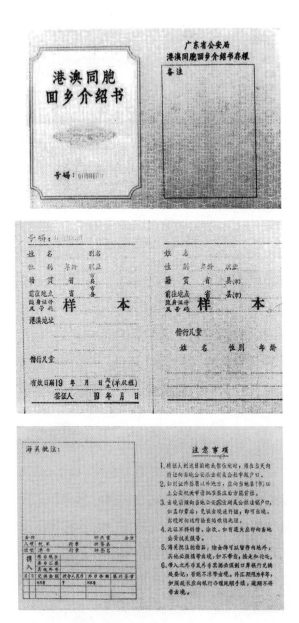

1976 年起通用的"港澳同胞回鄉介紹書"。(香港中
旅〔集團〕有限公司提供)

是持證人應注意事項。底頁則是廣東省公安局港澳同胞回鄉介紹書存根，內印"備注"二字，餘為空白。

這時期使用的介紹書，有數項特色：（一）整個證件均改為"簡體字"印刷，"繁體字"已一去不返了；（二）證件開始以小冊子形式出現，這種格式，明顯變成日後"回鄉證"的藍本；（三）要申報的東西，似乎較以前還要繁複和嚴格；（四）證件仍是一次有效，港澳同胞每次出入，均須獨立申請。

1978 年底，在鄧小平的主導下，中國政府開始推動經濟改革，挽救由"文化大革命"以降瀕臨崩潰的經濟。為了方便兩地人民的交流，在 1979 年 7 月 10 日，廣東省公安廳發表通告，宣佈放寬港澳華人返回內地的限制，在該年 8 月 1 日起，將以前一次有效的"港澳同胞回鄉介紹書"改為三年內多次使用有效的"港澳同胞回鄉證"。該通告如下：

隨着我國社會主義現代化建設事業的發展，從香港、澳門回鄉探親訪友和參觀旅遊的港澳同胞日益增多。為了簡化手續，方便港澳同胞來往，決定從 1979 年 8 月 1 日起，把一次有效的《港澳同胞回鄉介紹書》改為 3 年內多次使用有效的《港澳同胞回鄉證》（簡稱《回鄉證》）。《回鄉證》由廣東省公安廳簽發，並委託香港、澳門中國旅行社辦理港澳同胞申領《回鄉證》事宜。凡港澳同胞需要返回內地的，應事先通過香港、澳門中國旅行社申領《回鄉證》，邊防檢

1979 年 起 簽 發 的
"港 澳 同 胞 回 鄉 證"。
（香 港 中 旅〔集 團〕
有 限 公 司 提 供）

查站和內地公安機關不直接受理申請……1979 年 12 月 1 日
開始……港澳同胞一律憑《港澳同胞回鄉證》進出，並作
為探親、旅遊和申報戶口的合法證件。（湯開建、蕭國健、陳佳
榮，1998：964；香港《文匯報》，1979 年 7 月 10 日）

　　從那時起，港人返回內地，便改用回鄉證。（陳
昕、郭志坤，1998）回鄉證是一本長 5.5 吋，闊 3.5 吋
的小冊子，軟膠皮，證件第一頁印有"港澳同胞回鄉
證"字樣，下有一枚花紋圖案襯托的五角星。第二頁
貼有持證人的照片，下為持證人的署名。第三頁是持

證人的個人資料，依次序由上而下是回鄉證號碼、姓名、別名、性別、出生日期、籍貫、職業、港澳證件號碼和港澳地址。第四頁注有"本證自簽發之日起，3年（或10年）內有效"的字樣，中間有簽發機關"廣東省公安廳"的印章。下為簽發人簽署及簽發日期。之後各頁，是進出境時由海關人員查驗蓋章和持證人向海關申報的欄目。

證件由香港或澳門的中國旅行社代辦，簽發機關則是廣東省公安廳（李揚、胡偉平，1997；香港中旅集團，1988），證件的有效期為3年，並可作多次來回使用。然而每次入境時，持證人仍需要填寫一式兩份的"港澳同胞回鄉入境卡"。該表格上除了有與回鄉證內所填寫的個人資料相若外，還要填上偕行兒童、前往目的地和出入境日期等資料。藍色正本背面空白，在入境時被海關關員收起。白色副本的背面是"申報、註銷戶口欄"，俗稱"戶口卡"，該卡的主要功用在於規範旅客在內地的活動。持證人每到達暫住地或目的地後，仍舊必須在24小時內，由親友或本人憑回鄉證及"戶口卡"向戶口管理機關申報戶口，離開時則要註銷戶口。（香港中旅集團，1988；香港《文匯報》，1979年7月10日）此"戶口卡"在出境時被海關收回。早期回鄉，在海關一欄，還要填寫和申報攜帶自用而不必打稅的物品，通常是相機、外幣、手錶、金飾等。（《中華人民共和國九龍海關通告》，

1986 年 7 月 10 日）

　1981 年 12 月起，成人回鄉證的有效期限延長至 10 年，而小童則因成長速度快，樣貌變化大而只能 3 年有效。證件內附加電腦條碼，方便縮短過關驗證的時間。證內每頁由原本的只可使用一次，改為可使用兩次，而回鄉證也由可進出內地共 40 次，增加至 104 次。從這些變動中，我們可以看出中國內地和香港之間的往來頻密，與日俱增。1997 年 7 月 1 日香港回歸後，原有的回鄉證仍然可以照樣使用，直到證件使用期屆滿為止。

　有鑑於香港和澳門已回歸祖國，在 1999 年 1 月 15 日，廣東省政府停止向港澳居民簽發回鄉證，取而代之的是“港澳居民來往內地通行證”（簡稱“通行證”）。從此，港澳居民返回內地的程序大大簡化了，而過關時所需要的時間也大大縮短了。（香港《明報》，2002 年 9 月 17 日）昔日港澳分別為英葡所佔，當地華人被中國政府稱為“同胞”，他們返回內地也稱呼為“回鄉”，過關手續繁複，禁忌多多的情況，也變成歷史。在“一國兩制”的概念下，港澳居民理所當然地變成中國公民了。

　“通行證”的設計，與過往的回鄉證有巨大的差別。它放棄了不方便攜帶的“小冊子”形式，改為仿效香港身份證的設計，只和名片一樣大小，攜帶更為方便。證件正面的右上方是證件的編號，下分三部

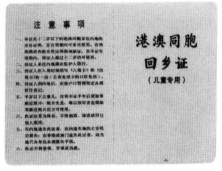

1981 年起通用的"港澳同胞回鄉證",分成人證(十年有效)和兒童證(三年有效),曾先後幾度增減內頁。(香港中旅〔集團〕有限公司提供)

份:左方為持證者的照片;中間是個人資料,包括姓名、性別、出生日期、港澳證件號碼、簽發日期和證件有效期限;右方則是廣東省公安廳的"盾牌形"印章。證件背面上方,印有"港澳居民來往內地通行證"字樣;下方三行是由英文字母、數字和代號組成的數據資料,供電腦閱讀。證件的顏色一律為粉紅色,背景則是花紋圖案。

回歸不久,香港便遇上亞洲金融風暴,經濟備受

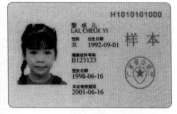

1999 年起通用的 "港澳居民來往內地通行證"，分成人證（十年有效）和兒童證（三年有效），有效期內無限次使用。（香港中旅〔集團〕有限公司提供）

注：或者是用作樣本之故，成人持證人 "關啟業" 的出生日期為 "1992年2月13日"，與理論上的年齡不符；且簽發日期為1998年12月18日，有效期至2001年12月18日，有效期為三年，與成人證件有效期 "十年" 不符，顯示相關部門可能粗心大意，看漏了細節。當然，亦可能是刻意以 "錯體" 方法 "防偽"，或是為了引人討論。

衝擊，失業、衰退叢生。為了挽救面臨崩潰的經濟，特區政府的其中一項重要的方針政策，便是加強與內地，尤其是珠江三角洲地區的社會和經濟整合；又大力推動內地居民到香港旅遊和投資。2002 年 9 月 17 日，粵港澳三方便提議向北京申請 "（粵）爭取港人憑身份證入境，加強粵、港、澳旅客流動"（香港《明報》，2002 年 9 月 17 日）。可惜建議不能成事，直到今天，香港市民仍需利用通行證往返內地，而通行證仍然被稱為回鄉證。當然，過關手續還是比過往簡便了，自動過關系統的應用亦較普遍了。另一變化則是香港市民進入內地時，過往有獨立櫃位，現時則與所有內地旅客看齊，"一視同仁"了，畢竟大家是同一國家的公民啊。

順便一提的是，就如身份證一樣，通行證的設計及領取方法亦有不少改動。在 2012 年，中國公安部發出公告，表示決定啟用新版港澳居民來往內地通行證，並於 2013 年 1 月 2 日開始接受申請。18 歲以上人士的有效期仍為 10 年，但 18 歲以下的證件有效期由 3 年延長至 5 年。

此外，通行證號碼由 11 位改為 9 位，第一位為英文字母，如在港申請首字為 "H"，首次申請地在澳門則標注為 "M"；第二位至第九位為阿拉伯數字。據報章引述負責協助內地公安部為香港辦理回鄉證的香港中國旅行社解釋，原來舊證的證件號碼最尾兩個數字，是用來顯示換證次數，故每次換證，持證人的 11 位號碼均會改變，令人感到相當混淆。所以新證設計上另闢 "換證次數" 一欄，並將證件號碼變成九位。這樣便能做到 "一人一號"，終身不變。（《星島日報》，2012 年 12 月 29 日）

此外，新的通行證背面，增加了持證人姓名、香港身份證號碼和換證次數等資料。而為了提高防偽性能及配合自動化出入境檢查系統，通行證嵌入電子芯片，儲存了持證人的基本資料，新證持有人只需辦理簡單手續，便可利用 "e 道" 自助過關了。

到了 2017 年，領取通行證再引入新科技，在 12 月 22 日起推出自助取證機，將通行證存放在領卡機內，市民帶備申領收據、過期的回鄉證或身份證、特區護照等證明文件，便可透過自助取證機領取新證。香港中國旅行社表示，整個過程大概只需 20 秒，較以往快 30 倍，同時減少人手發證出錯的可能，提高安全度。（《文匯報》，2017 年 12 月 23 日）

從回鄉證的歷史沿革、特色和發展過程中，我們可以很清楚地看到在過往五十多年來，兩地政府和人民的交往，由來去自如、無所限制，轉為互相猜疑、互相對立，再轉為求同存異、尋求合作，最後回到結合統一、互相配合、互補長短的過程。歷史的迂迴和弔詭，不但直接衝擊着香港華人的家國觀念、鄉土情懷，同時也使他們在身份認同及民族意識上，出現了角色逆轉、身份重疊和關係複雜的情況。

對 "中國人" 身份的轉變

由上文有關回鄉證不同階段的發展歷程中，我們不難梳理出香港華人在身份認同上所出現的一些微妙變化。可以這樣說，在身份證制度和回鄉證制度實施之前，絕大部份香港華人均認為自己是 "中國人"，或者起碼是居住在香港的 "中國人"。反之，認同香港本土身份的，卻只佔少數。他們雖然在香港工作、經商，但只視香港為“暫居地”，或遲或早還是會“衣錦還鄉”的。（林原，1996；丁新豹，1997；元建邦，1993；冼玉儀，1995）但自從回鄉證制度推行之後，香港華人對自己所屬的身份便出現轉變。他們開始對原本的出生地──中國內地，尤其是新政府──感覺陌生，並且產生抗拒和不信任。相反對“寄居地”的香港，則漸漸萌生歸屬感，並且逐步認同本地文化。（Turner, 1995）為什麼香港華人在身份認同上會有如此重大的轉變呢？中國政府和港英政府對待香港華人的政策，便是其中一項最為關鍵的解釋。

事實上，香港華人在身份認同上的此消彼長，正經歷着如泰勒和陳清僑所說的“自我身份認同”和“別人認同”上的相互衝擊和影響的效果。在回鄉證制度未推出之前，中國內地和香港之間關係密切，兩地並沒有正規化海關的設立，香港華人的進出，並不需要申請或出示任何法律文件，便可以平常出入、來往自如。華人到香港謀生，就如在同一國土內由鄉村跑到城市購物一樣平常，沒有太大羈絆和限制，無論是內地的老百姓或是來往於兩地的香港華人，均一致地認同大家都是“中國人”，“香港人”只是一個十分“陌生”的身份。就算是中國內地和香港的政府，也持相似的看法，認為居港華人均屬臨時居民，他們的根在內地，最終會回到他們的家鄉的。（北京《人民日報》，1950 年 5 月 10 日；Grantham, 1965）由於"中國人"的身份得到兩地人民（政府）的"承認"，因此，香港華人的身份認同，也十分明確，大家都是"中國人"。

可是，1950 年後實施的身份證制度和回鄉證制度，不但改變了中國內地和香港兩地人民進出邊界的慣例，也間接宣佈了香港華人的"中國人"身份，得不到"別人認同"，而"香港人"身份則受到肯定的尷尬情況。由於立國不久的中華人民共和國政府，受到以美國為首的西方國家孤立，為了防範外敵和蔣介石殘餘勢力的顛覆，新政府便對一切進出內地的人民實行嚴格管制。在香港生活的華人，受英國人統治，因而被中國政府視為"外人"。在回鄉探親時，他們同樣需要辦理十分繁複的手續，過境時又要接受駐邊境軍警的查問，回到家鄉時還要受到申報戶口等幾近監察的對待。（鄭心墀，2000）其身理和心理所受到的壓力，是可以理解的。相反，港英政府為了監視香港居民而簽發的身份證，卻有變相承認他們"合法移民"身份的假象。這些或暗或明、一緊一弛的措施，對香港華人身份認同有十分巨大的影響。

在主觀層面上，香港華人開始發覺來自內地的"他者"，對自我（香港華人）的身份"不敢苟同"，認為"他們"與"我們"有別。"他們"（內地老百姓）既是"中國人"，那麼，"我們"與之有別，"我們"自

認是 "中國人" 身份的看法，便會受到挑戰。因此，就算香港華人仍然一廂情願地認為自己是黃皮膚、黑頭髮、黑眼睛的 "龍的傳人"，在香港工作和居留只是短暫，有朝一日定會回到家鄉，這種看法，當受到 "別人" 否定時，便有點像 "一盆冰水照頭淋" 的 "表錯情" 感覺，產生失落和疏離之情。港英政府則在此時此刻給居港華人發出身份證，認同其居住在香港的身份，自然會產生友善而良性的效果。香港華人也在斯時起，重新釐定自己的身份和角色，這便是香港發展本土文化、建立本地身份的轉捩點。（Turner, 1995；鄭宏泰、黃紹倫，2003）

從中華人民共和國政府在 1951 年樹起竹幕至 1978 年閉門政策結束止，在這前後接近 30 年的日子，中國內地和香港兩地的經濟發展距離，已越拉越大，誤解也日漸加深；連身份認同上，也產生異常變化。在劃分彼此、缺乏接觸、難有交流的情況下（"文革" 期間，尤為嚴重），香港華人對中國內地的理解漸少，"中國人" 身份認同漸弱；而在港英新移民及人口政策的影響下，連續居港滿 7 年的，便可以獲得永久居民身份的做法，加上香港經濟快速增長、居民生活水平提高、資訊流通急速等因素，又加速了香港本土文化的發展。香港華人也由普遍認同自己屬於 "中國人"，轉為普遍認同屬於 "香港人"。（Turner, 1995；鄭宏泰、黃紹倫，2002；Grant, 2001）香港華人對中國內地的疏離感、陌生感和抗拒感，已十分顯著了。

改革開放後，有鑑於中國內地和香港交流日繁，廣東省政府乃放寬了香港華人回鄉探親的規定，證明文件也由"回鄉介紹書"改為回鄉證，這種政策上的變動，是"特殊他者"由不友善的防範態度，轉為友善歡迎態度的最好明證，更可以說是由視"我們"為"外人"，轉為視作是"自己人"的另一次方向性轉變。香港華人也察覺到"他者"（中國內地）開始認同"我們"的身份。政策的轉變是正面的，它不但可以減低香港華人對中國政府的陌生感，同時也可以消除香港華人被視作"外人"的心理障礙。不過，由於彼此分隔已久，互信薄弱、歧見匪淺，加上生活條件差別巨大，香港華人抗拒之心，很難在瞬間旋即扭轉，在身份認同上，仍以認同本土身份為主導。

自 1979 年底始，中英兩國就香港前途問題不斷進行談判。經過近四年的爭論，終於在 1984 年 9 月 26 日達成協議，並簽署了《中英聯合聲明》。按照該協議，英國政府將會在 1997 年 6 月 30 日撤出香港，而中國政府則會在同年的 7 月 1 日恢復對香港行使主權。（袁求實，1997）"中國"或"中國人"的身份認同問題，變成國際社會和媒體探討的焦點，香港華人在身份認同上的千絲萬縷、糾纏不清的關係，又再次在心中浮現。（Matthews, 1997）

另一方面，《中英聯合聲明》也標誌着香港正式進入過渡期。中國政府似乎明白到香港與內地分隔已久，加上教育、經濟、社會及政治制度的不同，發展有別，彼此間的隔閡不少，香港華人的身份和國家認同意識不高，對中國共產黨更存隔閡，如果這樣的情況不改變，將會給過渡期的香港造成障礙，也無助回歸後香港社會的長期穩定和經濟持續發展。（許家屯，1993）

可是，身份認同的形成或改變，並不能任由主觀意志所控制和轉移的，它形成需時，轉變也需時，很難說變就變的。只有通過時間一點一滴地累積和培養，才可以慢慢扭轉疏離和陌生的情感。（Wong, 1999）有見及此，不論是內地的官方組織，學術機構或民間團體，均舉辦各種各樣的交流團、探親團、研討會、分享會等等，希望藉着加強兩地人民的交流和接觸，減低彼此的疏離和隔閡，增進香港華人對中國的認同感和歸屬感，使香港社會可以平穩地由英國人管治的年代中過渡過來。

無論是民間的還是官方的"認同之旅"，香港華人返回內地，在過境時仍是必須出示回鄉證。從這時期回鄉證的轉變和出入境程序的簡化中，正好反映出中國政府和人民對香港華人態度的轉變。回鄉證由1979年頒發，至1997年回歸前，便已出現了不少修改。最初證件的有效期限只有3年，旅客每次出入境還需填報"出入境卡"和"戶口申報欄"，而所攜帶之

昔日羅湖邊境的擁擠場面。（圖上方為見證百年歷史的羅湖橋）該橋已於 2003 年 9 月 29 日凌晨被整體遷移，將永遠安置在羅湖車站附近的梧桐河畔讓遊人憑弔。（香港特別行政區政府提供）

20 世紀 60 年代的羅湖車站,旅客下車後正準備進入入境處辦理離境手續。(香港特別行政區政府提供)

物,也必須一併呈報。之後證件的期限延長至 10 年, "出入境卡"和"戶口申報表"取消,所攜帶物件的申報也簡化了,至於從前旅客在過關時需要"翻唸倒籠"地進行搜查的情況,更一去不復見了。不久,又在回鄉證上貼上電腦條碼,推行電腦化查檢制度,使旅客過關時可以更加方便和快捷。(香港《明報》,2002 年 9 月 17 日)此後,更不斷向智能化、自助化、快捷化方向發展。

我們不妨以羅湖海關的轉變為例,說明這時期的急速轉變。在 1978 年剛開放兩地的接觸時,羅湖海關可以說是設備落後、作風官僚、警戒森嚴、態度冷漠等來形容。到 1997 年時,這種形象已不知不覺間退掉了，代之而來的，是較為先進的設備，較為文明的舉止和較為有效率的管理。就算是駐海關人員的制服，也更換了，舉止也較有禮貌了，連關員的面上，也多了一些笑容。旅客由原本在過境時必須“大排長龍”，動輒等上數小時，人和行李都需受到檢查，到輕鬆過境，鮮受查問的情況中看，轉變之大，是十分顯著的。從種種轉變中，我們不難想見，香港與內地的交流和接觸日益頻繁的景象。可以這樣說，過關手續的簡化和返回內地限制的取消，是“他者”對待我們的一種友善態度，同時是消除香港華人對內地誤解和隔閡的良方，也是增進了解和提高歸屬感的不二法門。香港華人對“中國人”的身份認同，也開始重新塑造和醞釀。

回歸後，香港已不再是英國的侵佔地，香港更一如既往是“祖國不可分割領土的一部份”，而且成了中央政府領導下的一個特別行政區，香港人也名正言順是中國公民了。昔日的“港澳同胞回鄉證”已取消了，代之而行的，是“港澳居民通行證”，未幾又有建議粵港澳三地居民可以單憑身份證便可以自由進出，情況有點像現時的香港人可以只用身份證便可以出入澳門一樣，大大加速珠江三角洲一帶的經濟和社會整合。

明顯地，證件和過關手續持續不斷地簡化過程，恰恰見證了中國內地和香港日趨繁盛的經濟結合和社會交流。隨着港人在內地經商、工作、遊玩、居住以

肩負沉重行李的旅客，好不容易才擠進狹窄的羅湖邊境入境處內辦理離境手續。（香港特別行政區政府提供）

至結婚生子等日多；而內地居民又在"自由行"（個人遊）新政策的影響下，來港旅遊探親、遊玩以至經商等，也日見頻密，兩地日益強烈的交流和接觸，自然增加了彼此的了解和融和，使香港華人在身份認同上，無可避免地出現重大調整。相對於 1980 年前，香港華人普遍認同本土身份，對"中國人"的身份和對中國共產黨的抗拒極強烈，到現時排拒之心漸退，接納之情漸生，互信基礎漸強，這個由弱轉強、從少到多之間的轉變，是十分顯著的。隨着彼此交流的日漸增強，本土認同將無可避免地受到衝擊，而且，這些衝擊的層面，將會更強、更廣和更深。

結語

王賡武認為，生活在中國內地以外的中國人（泛稱 "華人"）從未有過（身份）認同這一概念，而只有華人屬性（Chineseness）的概念，即身為華人和變得不似華人。（王賡武，1991：234-5）香港華人曾經被歸類為中國內地以外的華人（僑胞），身份也由英佔初期（20 世紀 50 年代前）的較為認同自己的華人屬性（中國人），轉為認同本土文化和身份（香港人）。借用王氏的語言，便是 "變得不似華人" 了，有部份香港華人明顯地自覺與中國內地的文化有異，並以 "表叔"、"阿燦"、"內地仔"、"鄉下佬"、"旗兵" 或 "大圈" 等一類負面名字貶稱對方，而以自己獨特的身份而沾沾自喜（馬傑偉，1996；蕭鳳霞，1999；澄雨，2002），甚至曾經自我膨脹，希望北進，以自己的文化影響內地文化。（譚萬基，1995；孔誥烽，1995；李小良，1995）正因如此，香港華人也一直希望 1997 年回歸後，"一國兩制" 中的 "兩制" 可以真正落實，香港仍然可以保留着自己獨特而優越的身份、地位和生活方式不受內地的影響。

回歸後，香港華人的 "中國人" 身份被進一步受到肯定，看來是理所當然的。由於中國政府不承認雙重國籍，因此在法理上看，所有香港居民，均是中國公民。這樣，認同自己屬 "中國人"，似乎也是人之常情，相當合理。不過，香港所奉行的卻是《基本法》。按《基本法》的規定，香港的資本主義制度維持50年不變，而香港本身的生活方式，也不會受到影響，這便是所謂"一國兩制"的原則和規定。換言之，在既有的資本主義制度下，香港人仍可以選擇活在自己的時空下，甚至以認同本土身份，來抗拒日漸膨脹的內地文化或認同中國人的身份。不過，正如泰勒和米德等所言，身份認同並不能在與世隔絕的環境下萌生的，自我本身也無從否定他者的影響。

回歸後，中國內地和香港交流的大潮，已是不可能逆轉的趨勢。事實上，香港經濟一向以來均依賴於內地。中國加入世界貿易組織（WTO）及兩地更緊密經貿合作（CEPA）等政策落實後，兩地經濟將進一步發展；香港原本擁有的一些相對經濟優勢，則會被進一步削弱；香港依靠內地的勢頭，將更加明顯，而兩地間的差距，也將會漸漸收窄。難怪有人慨嘆香港已慢慢"中國化"了。香港華人自以為優越的身份和地位，也將無可避免地受到挑戰，"港燦"之名，已在廣東一些較富裕地區流傳起來了（蕭鳳霞，1999），而"救濟香港"一類的呼聲，也時有所聞。彼長此消，認同中國人身份的情況，應該會增加，而認同"香港人"身份，則會漸漸減少。（鄭宏泰、黃紹倫，2002）

問題是隨着特殊他者對"我們"的態度不斷改善，接觸也愈見頻仍，香港會否淪為只是中國沿海的其中一個城市，與廣州、廈門、上海、天津等沒有差別；而香港華人的身份認同，最終又會否恢復至50年代前，兩地還沒有嚴格進出限制時，以認同"中國人"身份為主般情況呢？從現時的資料上分析，則仍是言之過早。經濟上（或生活水平）的差距固然收窄了，但社會風氣、民主體制、政治環境、教育水平、國際聯繫和資訊網絡等等，香港與內地的差距仍大，這些類似"軟件式"的東西，發展的步伐較慢，限制也較大（例如民主和法治等），相信內地很難在短期內有巨大改變。換言之，只要中國的政治體制不變，認同中國人身份的一份情感，仍不可能有徹底的轉變。也就是說，只要香港和內地的生活方式和條件存有差異，認同便仍會有所分別；同樣，只要香港仍能保着或堅持着本身獨特的，又較為民主的、開放的和國際性的地位（或制度 —— 有別於內地政府的"兩制"）不變，認同本土身份，相信仍會佔着主導的位置。

第十章 香港身份證的歷史功能和意義

引言

從上文各章的討論中，我們就日佔時期的住民證政策、港英時代推出身份證的背景和過程，作出深入的探討，之後，我們又分析了身份證制度對港英政府實施移民及人口政策的影響。在這個過程中，我們又粗略地回顧了回鄉證制度的萌生和推行過程。最後，我們總結了這兩種制度對香港華人在身份認同上的影響。作為總結，本章會就香港身份證在歷史上的功能和意義，再作一些簡略的探討。

身份證與身份確認

人類乃群體動物，無數細小的個體組成社會，個體在社會的生存，有賴其他個體或組織的支持，各個體在社會上的角色、身份和地位等各有不同，這些角色和身份的確立，必須透過與其他個體或社會組織的接觸和互通（social interaction）建立起來。但在現今人口高度集中、生活步伐急速、人際關係疏離的都會城市裏，某些身份（例如公民身份）的界定和證明，卻並不能單靠社會互動方法建立，而必須透過政府的推動才能成事。在談到身份證在歷史上的功能時，香港《星島晚報》有一篇文章的分析可以給我們一些啟發。

在社會裏，身份的證明對人非常重要，如果一個人不能證明自己的身份，人們就無法認識或者信任你，那你就無法繼續在社會生存下去，反過來說，如果人人都不能辨別自己的身份，社會便會造成混亂，完全沒有秩序。證明身份的方法有多種，但最好及最多人承認的應該是政府發給市民的身份證，身份證除了證明一個人的身份外，最主要的就是政府承認他為當地的居民，能夠享有市民應有的一切權利。

（香港《星島晚報》，1976 年 1 月 9 日）

事實上，由政府給其治下的居民簽發身份證，是確定居民身份的最好方法之一。政府透過立法，把公民權利和義務作出清晰和劃一的界定，這樣更加可以使公民身份得到保障。

退一步說，在這個 "認證不認人" 的社會，假若某人沒有身份證，或某人在政府的檔案遭刪除了，某人便馬上喪失了在社會上的身份和資格，如一些科幻懸疑小說的主人翁一樣，某人彷彿成了 "無證孤魂"，已經不能證實存在於社會上了。

由於身份證有確認身份的功能，加上在應用時相

圖為啟德機場出入境檢查的情形。

出境旅客在舊港澳碼頭管制站排隊等候檢查。（香港特別行政區政府提供）

當簡單、直接，因此身份證便順理成章地變成確認身份的最重要工具，它在某些需要確認身份、核查資格的場合，便大派用場。以下我們可以舉出兩個較為特別的例子——進出海關和選舉，作深入的說明。

身份證與自動過關制度

傳統上，當某個國家（或地區）的人民離境外遊，或外遊後歸國（地區）後，在進出海關時，均須出示護照或相關旅行證件，以便核查身份。這些核查的過程和手續，很多時候又相當繁複和費時，這不但給旅客造成不便，同時也給政府部門帶來沉重的負擔。

對香港居民而言，進出中國內地或澳門，是十分普遍和平常的。最初，香港居民進出香港時，必須填寫"出入境申報表"，並出示"回港證"，以供海關人員核查其香港居民身份，這對頻繁進出中國內地和港澳之間的人士而言，當然相當不便，也會給海關造成壓力。自身份證制度在 1983 年經電腦化後，入境處便同時着手研究簡化香港居民進出境的手續。到 1987 年，入境處終於推出"出入境簡化計劃"，按入境處規定，任何持有"三粒星"身份證的香港永久居民，自該年 5 月 1 日起，不再需要填寫"出入境申報表"，甚至連"回港證"也不用了，旅客只要持有一卡身份證，便能十分方便地進出中國內地和澳門，這樣既可省卻旅客的時間，

也可節省政府的人手和資源（Immigration Department,
2000），直接推動三地的經濟和社會互通和交流。

第一代智能身份證的一項十分重要的設計，就
是考慮到香港居民進出中國內地和港澳之間的簡化手
續問題。按入境處的安排，第一代智能身份證的其中
一項功能，是為了建立起一套"旅客自動過關系統"
（Automatic Passenger Clearance System），當此系統建
立後，香港居民進出內地和澳門，便可以像乘搭交通
工具時採用"八達通"般，只要在海關的進出口閱讀
器上一刷，閱讀機便能夠確認持證者的身份以完成過
關手續。達到此一目標，旅客過關時間進一步縮短，
而香港特區政府方面則節省了大量人手和資源，有效
刺激了中國內地與港澳之間經濟和社會的交往與互
動。（Immigration Department, 2000）

身份證與選舉

最初，當港英政府在 1949 年強令全港市民登記人
口，並領取身份證的計劃公佈後，在一個記者會上，
有記者詢問首任人口登記局局長華莫爾："人口登記法
（的施行），是否有利於全民選舉，以便將來組設市政
局？"華氏給這麼一個突如其來的問題考起了，由於
他不能回答這一問題，因而只能十分官腔地說："完全
不悉全民選舉之事"。（香港《星島日報》，1949 年 8

月 11 日）從那時開始，身份證與公民選舉權利之間，已隱約出現了某種聯繫。

身份證制度與選舉制度，是彼此緊扣、相互關連的。要推行選舉，首先必須確定選民的身份，正如前述，政府給其治下的人民簽發身份證是最為直接、最為簡單的方法。若果沒有身份證制度，在界定和分辨身份上，相信較為費時、複雜，而一人一票的選舉制度也會較難落實。身份證制度是選舉制度的先決條件，也是確定選民身份的較方便、較有效和較直接的方法。事實上，人口登記局成立不久，港英政府便給予該局額外增加兩項與選舉有直接關係的任務。其一是要求人口登記局給法庭提供合資格擔任陪審團人員的名單；其二是給當時的市政局提供合資格選民的名單（The Commissioner of Registration, 1955-1973），兩項均涉及核實市民身份和資格的問題。換言之，港英政府似乎已經看到身份證制度與選舉制度之間的某種相互關係，並且着手整理各種資料，以備日後的需要。

到 1983 年，在港英政府推出第一代電腦身份證的時候，當時的選舉事務處，便更加就身份證持有人的資料，是否可以直接轉為合資格選民的安排，提上議程。按當時選舉事務處官員表示，換領電腦身份證後，只要利用電腦的運作，便可以將全港合資格的選民"自動過戶"，轉為正式選民。（香港《星島日報》，1983 年 3 月 28 日）身份證和選舉之間的關係，已隱約間出現某種聯繫了。時至今日，不論是區議會或立法會或其他形形色色、大小不一的選舉，身份證均大派用場，在每場大規模的選舉中，選民必須出示身份證，以便負責當局核查身份和資格，身份證已演變成"合資格選民"的最有力證明文件。

身份證與制度演變

從上述例子中，我們又可以看到身份證制度的演變與社會發展之間的相互調適。社會由無數個體組成，要維持社會的和平穩定，給每個個體發出身份證，確立他們屬某個社會成員身份的方法，便產生制度。制度是社會發展的重要基石，沒有制度的社會，只會充滿混亂、鬥爭不休，結果難以想像，制度的出現本來是基於某時某刻的現實需要。舉例說，身份證制度的萌生，便是當時的政府為了收緊社會活動空間，監察市民活動而制訂的。但社會並非靜止不動的，某時某刻需要的制度，在另一時空下，可以變得不太適合。

換言之，一個良好的制度，必須緊跟社會發展，與社會相互調適。如果社會前進了，但制度卻不能跟隨，那麼便會給人衣不稱身、僵化迂腐之感。例如最初的身份證制度，規定持證人必須打上手指模的做法，在20世紀50年代或者仍然可行，但在今天講求個人私隱的社會，便顯得不可行。至於原本要求僱主每月向政府有關部門呈報其員工變動的規定，也會增加僱主和僱員的不便，影響正常運作，窒礙社會的發展。若果政府一成不變，強迫執行，肯定會招來社會不滿。

從身份證的不停演變過程中，我們可以整理出制度與社會相適應的重要性。身份證由粗糙的硬咭紙一張，到膠面夾心身份證，繼而是電腦身份證，再到今天的智能身份證，這些轉變，帶出制度不斷更新、不斷改變的過程。市民對身份證的態度，也由初期的不大接受，到人人被逼隨身攜帶，再到習以為常，人人錢包中均有一"卡"（證），已和當初的情況不能同日而語了。

結 語

總結而言，在現今科技先進的公民社會，身份證制度已經是社會建制的重要一環。它的廣泛應用，就如阿拉伯數字應用於數學，貨幣單位應用於會計和金融一樣，如果沒有貨幣單位和阿拉伯數字，兩者的運作將很難想像。因此若果我們說身份證已經是我們日常生活中"必不可少"的東西，相信一點也不誇張。在我們日常生活的應用上，無論是人生大事如生死、婚盟，還是生活瑣事如上學、外遊、購物，以至工作和貿易等等，均與身份證息息相關。身份證制度，已經滲入我們日常生活的每一個細節當中，成為社會發展的其中一項重要基石。

香港身份證歷史大事記

年份	重大事件
1945年3月17日	香港日佔總督田中久一發出《公示十五號》，規定除10歲以下外，所有香港居民必須在4月9日至20日內，領取"住民證"。
1945年4月9日	開始辦領"住民證"。
1945年4月20日	申領"住民證"結束，全港共有376,983名居民領取，佔合資格人數的77.5%。
1945年8月15日	日軍投降，臨時政府呼籲市民仍然保留"住民證"以維持社會治安。
1945年9月	夏慤（C. H. J. Harcourt）將軍在香港實施軍法統治，廢除日佔時期政策，"住民證"制度也同時廢止。
1946年5月	軍法統治結束，楊慕琦（M. Young）復任港督。
1949年8月3日	《人口登記條例草案》在立法局首讀，條例中規定除豁免人士外，必須登記及領取身份證。
1949年8月10日	條例草案二讀，只作出一些字面上的修改。
1949年8月17日	條例三讀通過，並隨即委任華莫爾（W. G. Wormal）為人口登記局局長，籌組及安排全港市民登記事宜。
1949年9月	開始為公務員及各大機構人士登記。
1949年10月1日	第一張身份證面世。
1950年4月	公務員及各大機構員工登記基本完成。
1951年初	登記推展至全體市民。
1951年2月15日	廣東省政府發出公佈，規定所有海外華人進出中國內地，必須領取"港澳同胞回鄉介紹書"。
1954年8月	裴思（R. A. Bates）接替華莫爾為人口登記局局長。
1955年	成立臨時身份證檢討委員會，就身份證的設計、使用等事宜作出檢討。
1960年初	內地非法入境者開始湧入香港。
1960年4月14日	人口登記局改名人事登記處（Registration of Persons Office）。
1960年4月16日	苗祚（J. V. G. Mitchell）接替裴思為人事登記處處長。

年份	重大事件
1960 年 5 月 27 日	港英政府刊憲，規定全港市民自 1960 年 6 月 1 日起，分批更換新的身份證。①
1960 年 5 月 30 日	自 1949 年 9 月至 1960 年 5 月 30 日，合共簽發 2,762,110 張身份證。
1962 年 2 月	大批內地非法入境者湧入香港。
1962 年 6 月	港英政府給予抵達市區並有親友接濟的非法入境者簽發身份證。
1968 年 3 月	港英政府公佈自 1960 年至 1968 年初合共發出 236,009 張身份證給予非法入境者。
1971 年 8 月 23 日	港英政府就香港居民身份和權利作出界定，並發出"黑印"和"綠印"身份證，以資識別。
1972 年 4 月 1 日	港英政府公佈給予非本土出生華人及聯合王國人士，只要在港居住滿 7 年者，便可以享有永久居民身份。
1973 年 11 月	發出新款膠面身份證，並統一兒童身份證的格式，使與成人身份證一致。②
1974 年 4 月	為了加強堵截非法入境者，港英政府嚴格執行"抵壘政策"。
1974 年 4 月 20 日	港英政府宣佈將人事登記處與人民入境處合併，並由羅蘭士（J. M. Rolands）兼任人事登記處處長。
1978 年	中國內地的非法入境者問題再現香港。
1979 年 8 月 1 日	"港澳同胞回鄉介紹書"改為"港澳同胞回鄉證"，簡稱"回鄉證"，有效期為 3 年。
1980 年 10 月 3 日	中國外交部部長黃華訪問香港，與港督麥理浩（M. MacLehose）會面，談論有關遏止非法入境者問題。
1980 年 10 月 19 日	麥理浩訪問廣東並與當地官員達成堵截非法入境者問題細節。
1980 年 10 月 23 日	香港立法局通過《1980 年人民入境（修訂）（第 2 號）條例》宣佈廢除"抵壘政策"，法令同時給予 4 天寬限期，在 10 月 23 日至 26 日內，非法入境者可以前往登記並領取身份證，27 日凌晨零時零分，所有非法入境者一經截獲均會"即捕即解"，遣回原居地。
1981 年 12 月	回鄉證的有效期由 3 年延長至 10 年。

年份	重大事件
1983 年 3 月	港英政府推出第一代電腦身份證，全港市民按出生年齡，分批更換。
1984 年	中英兩國就香港前途問題達成協議，並在北京簽署《聯合聲明》。
1987 年 5 月 1 日	入境處推出"出入境簡化計劃"，三粒星居民可以不用"回港證"而單憑身份證進出中國內地和港澳三地。
1987 年 5 月 27 日	立法局通過《1987 年人事登記（修訂）條例》和《1987 年人民入境（修訂）（第 2 號）條例》，主要就香港居民的居留權問題作出界定。
1987 年 6 月 1 日	港英政府分階段為全港市民更換可以過渡 1997 年 7 月 1 日的第二代電腦身份證。
1988 年 9 月 8 日	回鄉證加貼電腦條碼（bar code），方便旅客進出中國內地和香港。
1997 年 6 月 30 日	英國政府結束對香港的管治，撤出香港。
1997 年 7 月 1 日	中國政府收回香港主權，香港特別行政區宣佈成立。
1999 年 1 月 15 日	回鄉證改為"港澳居民來往內地通行證"，港澳居民往回內地的手續更為方便。
2002 年 9 月	香港特區政府確定智能身份證的設計式樣。
2003 年 5 月 16 日	入境處宣佈智能身份證開始簽發有關事宜。
2003 年 6 月 23 日	香港特區政府分階段為全港市民更換第一代智能身份證，4 年內完成。
2004 年 4 月 26 日	香港特區的第一代智能身份證系統在美國科技權威雜誌 Card Technology Magazine 主辦的首屆"智能卡科技突破大獎"中，擊敗了包括美國國部職員卡等 12 名對手，榮獲"推行智能卡科技突破大獎"。
2004 年底	香港永久性居民可使用智能身份證在各出入境管制站使用旅客自助出入境檢查系統（e-道）服務。
2007 年 3 月 31 日	香港特區政府為全港市民更換智能身份證計劃結束。自 2003 年 6 月 23 日至 2007 年 3 月 31 日，合共更換約 5,384,164 張智能身份證。
2009 年 12 月 10 日	香港永久性居民可使用智能身份證於澳門旅客自助過關通道往返澳門。

年份	重大事件
2015 年初	因智能身份證系統於 2003 年推出超過 10 年，軟、硬件均老化及過時，而智能身份證亦陸續超出 10 年保證使用期限，故保安局向立法會建議推行新一代智能身份證系統及全港市民換領身份證計劃，並提出撥款申請。
2015 年 5 月 15 日	立法會財務委員會通過保安局提出的 1,448,786,000 元撥款申請，開發新一代智能身份證系統。
2017 年 11 月 29 日	保安局向立法會提交文件，披露新智能身份證式樣，並列出九項防偽特徵，同時又宣佈更換計劃將於 2018 年底啟動。
2018 年底	全港市民換領身份證計劃將於 2018 年第四季起，分階段為所有香港身份證持有人更換現有約 8,800,000 張智能身份證，預計 4 年內完成。

注：

① 前期的身份證為膠面，正面載有持證人的相片及左拇指指模，而姓名及其他資料則載於背面。簽發日期以黑色圓形印章顯示。自1971年8月23日起，若簽發日期的印章是綠色者，表示持簽人居留受限制，黑色者則指居留不受限制。

② 前期兒童身份證沒有相片，只載有持證人的姓氏及其出生地點和日期。

參考文獻

1. Berger, P. 1966. *Invitation to Sociology*. Penguin Books.

2. Castells, M. 1997. *The Power of Identity*. Oxford: Blackwell.

3. Census and Statistics Department. 1971-2001. *Population Survey*. Hong Kong: Hong Kong Government Printer.

4. Census and Statistics Department. 1998. *Hong Kong Monthly Digest of Statistics*. Hong Kong: Government Printer.

5. Destexhe, F. 1995. "Hong Kong and 1997: The Facts", in Menski Werner (ed.) *Coping with 1997: The Reaction of the Hong Kong People to the Transfer of Power*. England: Trentham Books Ltd.

6. Endacott, G.B. 1964. *Government and People in Hong Kong 1841-1962*. Hong Kong: Hong Kong University Press.

7. Fan, S.C. 1974. *The Population of Hong Kong*. Hong Kong: Swindon Book Co.

8. Grant, J.S. 2001. "Cultural Formation in Postwar Hong Kong", in P.T. Lee (ed.) *Hong Kong Reintegration with China: Political, Cultural and Social Dimensions*. Hong Kong: The University of Hong Kong.

9. Grantham, A. 1965. *Via Port: From Hong Kong to Hong Kong*. Hong Kong: The University of Hong Kong.

10. Hicks, G. 1993. *Overseas Chinese Remittances from Southeast Asia: 1910-1940*. Singapore: Selected Books.

11. HKSAR Immigration Department. 2000. *Feasibility Study on the HKSAR Identity Card System*. (no publisher)

12. *Hong Kong Annual Report*. 1945-1955.

13. Hong Kong Discharged Prisoners' Aid Society. 1982. *Research Study on Discharged Prisoners who are Green Seal Identity Card Holders*. Hong Kong: The Society.

14. *Hong Kong Legislative Council*. 1949.

15. Immigration Department. 1997-2002. *Annual Report*. Hong Kong: Government Printer.

16. Immigration Department. 2001. *Immigration Department 40th Anniversary*. Hong Kong: Government Printer.

17. Leung, P.W.E. 1992. "Transition from De-ethnicization to Re-ethnicization: The re-emergence of Chinese Ethnic Identity and the Birth of a New Culture in Hong Kong Prior to 1997", in One Country Two Systems Economic Research Institute (ed.) *Hong Kong in Transition* 1992. P. 594-603. Hong Kong: The Institution.

18. Leung, S.W. 1999. "Social Construction of Hong Kong Identity: A Partial Account", in Lau S.K., Lee, M.K. Wan P.S. and S.L. Wong (eds.) *Indicators of Social Development: Hong Kong 1997*. P. 111-134. Hong Kong: The Chinese University Press.

19. Matthews, G. 1997. 'Heunggongyahn: On the Past, Present and Future of Hong Kong Identity', *Bulletin of Concerned Asian Scholars*, Vol. 29, No. 3. P.3-13.

20. Mead, G.H. 1934. *Mind, Self, and Society: From the Standpoint of a Social Behaviorist* (C.W. Morris ed.). Chicago: University of Chicago.

21. Scott, I. 1989. *Political Change and the Crisis of Legitimacy in Hong Kong*. Hong Kong: Oxford University Press.

22. *South China Morning Post*, 1949.

23. *Supplement No. 1 to the Hong Kong Government Gazette*, 1949.

24. *Supplement No. 1 to the Hong Kong Government Gazette*, 1987.

25. *Supplement No. 2 to the Hong Kong Government Gazette*, 1949.

26. *Supplement No. 2 to the Hong Kong Government Gazette*, 1973.

27. Szczepanik, E. 1958. *The Economic Growth of Hong Kong*. Hong Kong: The University of Hong Kong.

28. The Commissioner of Registration. 1954-1973. *Annual Report*. Hong Kong: Government Printer.

29. Turner, M. 1995. "Hong Kong Sixties/Nineties: Dissolving the People", in Turner, M. & I. Ngan (eds.) *Hong Kong Sixties: Designing Identities*. P. 13-35. Hong Kong: Hong Kong Arts Centre.

30. Wang, G. 1988. "The Study of Chinese Identities in Southeast Asia", In Cushman J. & G. Wang (eds.) *Changing Identities of the Southeast Asian Chinese since World War II*. Hong Kong: Hong Kong University Press.

31. Wong, S.L. 1988. *Emigrant Entrepreneurs: Shanghai Industrialists in Hong Kong*. Hong Kong: Oxford University Press.

32. Wong, S.L. 1999. "Changing Hong Kong Identities", in Wang Gungwu & John Wong (eds.) *Hong Kong in China: The Challenges of Transition*. P. 181-202. Singapore: Times Academic Press.

1. 《1971 年人民入境條例關於有權進入香港人士公告》，香港：政府印務局，1972 年。

2. 《1999 年人事登記條例》，香港：政府印務局，1999 年。

3. 《人事登記條例》，《電子版香港法例》第 177 章，引自 https://www.elegislation.gov.hk/hk/cap177。

4. 〈入境處長來函：荷蘭廠印新智能身份證 用最先進防偽技術〉，《立場新聞》，2017 年 12 月 22 日。

5. 《入境事務處覆函》，香港：香港特別行政區入境事務處，2002 年。

6. 《天天日報》，1977 至 1979 年。

7. 《天天日報》，1997 年。

8. 《中華人民共和國九龍海關通告》，香港中旅集團編《回鄉證手冊》，1990 年。

9. 《中華人民共和國香港特別行政區基本法》。

10. 《內地新來港定居人士的統計數字》，香港：香港特區政府民政事務總署及入境事務處，2001-2017 年第四季，引自 https://www.had.gov.hk/tc/public_services/services_for_new_arrivals_from_the_mainland/surveys.htm。

11. 《文匯報》，1957 年。

12. 〈外交部副部長章漢夫向英國提出外交抗議〉，《人民日報》，1950 年 5 月 10 日。

13. 《外交大臣關於目前中國內戰形勢的發展備忘錄》，英國內閣檔案 cab. 129/31, C.P.（48/299），1948 年 12 月 9 日。

14. 〈在智能式身份證加入與出入境事務無關的用途〉（討論文件），呈交立法會資訊科技及廣播事務委員會、立法會保安事務委員會文件，香港：香港特區政府資訊科技及廣播局，2001 年。

15. 〈回覆莫乃光議員有關新一代智能身份證系統的跟進問題〉，香港：香港特區政府入境事務處，2015 年 2 月 3 日。

16. 〈多用途智能身份證〉，香港：香港特區政府資訊科技總監辦公室網站，引自 https://www.ogcio.gov.hk/tc/our_work/strategies/initiatives/smart_id/smart_id_card_reader_spec.html。

17. 《明報》，1997 至 2003 年。

18. 《明報》，2004 年 5 月 13 日。

19. 《星島日報》，1944 至 2002 年。

20. 《香港日報》，1945 年。

21. 《香港政府新聞公報》，香港：香港政府新聞處，1980 至 1983 年。

22. 《香港特別行政區身分證計劃進度報告》，立法會討論文件：CB（2）3025/03-04（01）號文件，香港：香港立法會保安事務委員會，2004 年 7 月 5 日，引自 http://www.legco.gov.hk/yr03-04/chinese/panels/se/papers/secb2-3025-1c.pdf。

23. 《信報》，1997 年。

24. 《華僑日報》，1944 至 1987 年。

25. 《會議過程正式紀錄》，香港：香港立法會，2008 年 1 月 16 日，引自 https://www.legco.gov.hk/yr07-08/chinese/counmtg/hansard/cm0116-translate-c.pdf。

26. 〈最新一批舊身份證快將失效〉，香港：香港特區政府新聞網，2008 年 7 月 13 日，引自 http://www.info.gov.hk/gia/general/200807/13/P200807110281.htm。

27. 〈智能身份證〉，香港：香港特區政府入境事務處網站，引自 https://www.immd.gov.hk/hkt/services/hkid/smartid.html。

28. 《新一代智能身份證系統》，立法會討論文件：CB（2）534/14-15（03）號文件，香港：香港立法會保安事務委員會，2015 年 6 月 1 日，引自 http://www.legco.gov.hk/yr14-15/chinese/panels/se/papers/se20150106cb2-534-3-c.pdf。

29. 《新智能身份證》，立法會討論文件：CB（2）424/17-18（05）號文件，香港：香港立法會保安事務委員會，2017 年 12 月 5 日，引自 https://www.legco.gov.hk/yr17-18/chinese/panels/se/papers/se20171205cb2-424-5-c.pdf。

30. 廣東省人民政府：《粵公邊字第六號》，《南方日報》，1951 年 2 月 15 日。

31. 丁新豹：〈歷史的轉折：殖民體系的建立和演進〉，王賡武編《香港史新編》（上冊），香港：三聯書店（香港）有限公司，1997 年，頁 59-130。

32. 丁新豹：《香港早期華人社會：1841-1970》（博士論文），香港：香港大學，1989 年。

33. 王賡武：〈結論篇：香港現代社會〉，王賡武編《香港史新編》（下冊），香港：三聯書店（香港）有限公司，1997 年，頁 859-870。

34. 王賡武：《中國與海外華人》，香港：商務印書館（香港）有限公司，1991 年。

35. 元邦建：《香港史略》，香港：中流出版社，1993 年。

36. 孔誥烽：〈初探北進殖民主義 — 從梁鳳儀風暴看香港夾縫論〉，《香港文化研究》1995 年第三期，頁 27-45。

37. 田邁修、顏淑芬：《香港六十年代》，香港：香港文化中心，1995 年。

38. 朱子家：《亂世文章》，香港：吳興記書報社，1956 年。

39. 李小良：〈香港後殖民論述：回應與觀察〉，《香港文化研究》1995 年第四期，頁 72-75。

40. 李宏：《香港大事記》，北京：人民日報出版社，1988 年。

41. 李祈、經緯：《新界概覽》，香港：新界出版社，1954 年。

42. 李歐梵：〈1997 後的香港：國際性都會的臆想〉，《二十一世紀》1997 年總第四十一期，頁 30-31。

43. 呂大樂：〈自成一體的香港社會〉，吳俊雄、張志偉編《閱讀香港普及文化：1970-2002》（修訂版），香港：牛津大學出版社，2002 年。

44. 吳昊：《懷舊香港地》，香港：一本堂出版社，1999 年。

45. 吳俊雄、張志偉：《閱讀香港普及文化：1970-2002》（修訂版），香港：牛津大學出版社，2002 年。

46. 吳俊雄：〈尋找香港本土意識〉，《明報月刊》1998 年 3 月號，頁 23-27。

47. 林原：〈港人治港，誰是"港人"——試談港人的文化身份〉，《明報月刊》，1996 年 8 月號。

48. 林鵬、丁身尊、吳春泉：〈南方革命的熔爐——達德學院〉，中共廣東省黨史研究室編《香港與中國革命》，廣州：廣東人民出版社，1997 年。

49. 冼玉儀：〈六十年代——歷史概覽〉，田邁修、顏淑芬編《香港六十年代》，香港：香港文化中心，1995 年。

50. 冼玉儀：〈社會組織與社會轉變〉，王賡武編《香港史新編》（上冊），香港：三聯書店（香港）有限公司，1997 年，頁 157-210。

51. 香港中旅集團：《香港中國旅行社成立 60 周年紀念特刊》，香港：香港中旅集團，1988 年。

52. 香港青年協進會：《內地新來港定居家庭研究》，香港：香港青年協進會，1999年。

53. 施達郎：〈八十年代中國人的歸屬心態〉，《信報月刊》1980年第三卷第十一期，頁5-9。

54. 泰勒：〈承認的政治〉，陳清僑編《身份認同與公共文化》，香港：牛津大學出版社，1997年，頁3-46。

55. 馬傑偉：〈文化認同的邏輯〉，吳俊雄、張志偉編《閱讀香港普及文化：1970-2002》（修訂版），香港：牛津大學出版社，2002年。

56. 馬傑偉：〈誰的"中國性"？九十年代兩岸三地的後殖民地研究〉，《香港社會科學學報》2001年第十九期，頁135-158。

57. 馬傑偉：《電視與文化認同》，香港：突破出版社，1996年。

58. 袁求實：《香港回歸大事記：1979-1997》，香港：三聯書店（香港）有限公司，1997年。

59. 連繼民：《別了義律公告：香港的法制與治安》，北京：中國友誼出版社，1997年。

60. 陳昕、郭志坤：《香港全紀錄》（卷二），香港：中華書局（香港）有限公司，1998年。

61. 陳清僑：〈公共性與文化認同：並析論述空間〉，陳清僑編《身份認同與公共文化》，香港：牛津大學出版社，1997年，頁xi-xxiii。

62. 許家屯：《許家屯香港回憶錄》，台北：聯經出版社，1993年。

63. 張國偉：〈老表一族：你好嘢！〉，《壹週刊》1990年8月10日，頁43-45。

64. 黃江天：《法律與你》，香港：獲益出版社，2000年。

65. 曾銳生：〈蔣介石為何不收回香港〉，魯言等著《香港掌故》第十集，香港：廣角鏡出版社，1985年。

66. 湯開建、蕭國健、陳佳榮：《香港6000年：遠古——1997》，香港：麒麟書業有限公司，1998年。

67. 〈新世紀中國文化與全球化〉，《明報月刊》2002年5月號，頁19-31。

68. 楊奇：《香港概論》，香港：三聯書店（香港）有限公司，1990年。

69. 蔡榮芳：《香港人之香港史：1841-1945》，香港：牛津大學出版社，2001年。

70. 蔣國維、向群、唐同明：《世界史綱》（下冊），貴州：貴州人民出版社，1985年。

71. 廖柏偉、林潔珍：《移民與香港經濟》，香港：商務印書館（香港）有限公司，1998 年。

72. 鄭心墀：《趣談今昔香港》，香港：萬里書店，2000 年。

73. 鄭宏泰、黃紹倫：〈香港華人的身份認同：97 前後的轉變〉，《二十一世紀》2002 年 10 月刊，頁 71-80。

74. 鄭宏泰、黃紹倫：〈從"身份證"的沿革探討香港華人身份認同的塑造和蛻變：一個理論的探索〉，《香港社會學學報》2003 年第 4 期。

75. 鄧開頌、陸曉敏：《粵港關係史：1840-1984》，香港：麒麟書業有限公司，1997 年。

76. 黎卓南：〈四十年來家國——幾許發達難民〉，《壹週刊》，1990 年 12 月 7 日，頁 18-32。

77. 魯言：《香港掌故》（第 3 集），香港：廣角鏡出版社，1981 年。

78. 劉兆佳：〈"香港人"或"中國人"：香港華人的身份認同 1985-1995〉，《二十一世紀》1997 年 6 月號，頁 43-58。

79. 劉偉：〈北伐到抗戰期間有關香港主權交涉史話〉，魯言等著《香港掌故》第十集，香港：廣角鏡出版社，1983 年。

80. 劉蜀永：〈一九四九年前後英國對港政策〉，余繩武、劉蜀永編《二十世紀的香港》，香港：麒麟書業有限公司，1995 年，頁 170-202。

81. 澄雨：不速之客：八十年代香港電影的內地來客形象初探〉，吳俊雄、張志偉編《閱讀香港普及文化：1970-2002》（修訂版），香港：牛津大學出版社，2002 年。

82. 蕭鳳霞：〈香港再造：文化認同與政治差異〉，程美寶、趙雨樂編《香港史研究論著選輯》，香港：香港公開大學出版社，1999 年。

83. 霍啟昌：《香港與近代中國》，香港：商務印書館（香港）有限公司，1992 年。

84. 謝永光：《三年零八個月的苦難》，香港：明報出版社，1994 年。

85. 譚萬基：〈"沒有陌生人的世界"——佐丹奴的世界地圖〉，《香港文化研究》1995 年第三期，頁 46-52。

86. 饒美蛟：〈香港工業發展的歷史軌跡〉，王賡武編《香港史新編》（上冊），香港：三聯書店（香港）有限公司，1997 年，頁 371-416。

· 香港文庫

總策劃：鄭德華

執行編輯：梁偉基

· 香港身份證透視（第二版）

責任編輯：蘇健偉

書籍設計：吳冠曼

封面設計：陳曦成

書　　名	香港身份證透視（第二版）
著　　者	鄭宏泰　黃紹倫
出　　版	三聯書店（香港）有限公司
	香港北角英皇道 499 號北角工業大廈 20 樓
	Joint Publishing (H.K.) Co., Ltd.
	20/F., North Point Industrial Building,
	499 King's Road, North Point, Hong Kong
香港發行	香港聯合書刊物流有限公司
	香港新界大埔汀麗路 36 號 3 字樓
印　　刷	美雅印刷製本有限公司
	香港九龍觀塘榮業街 6 號 4 樓 A 室
版　　次	2004 年 8 月香港第一版第一次印刷
	2018 年 7 月香港第二版第一次印刷
規　　格	大 32 開（140 × 210 mm）296 面
國際書號	ISBN 978-962-04-4356-5